GUIARAMA COMPACT

Chile

ANAYA TOURING

Autores: **Gabriel Calvo y Sabine Tzschaschel**
Actualización: **Miguel Bendito.**

Editora de proyecto: **Ana Mª López Martín.**
Coordinación técnica: **Mercedes San Ildefonso.**
Técnico editorial: **David Lozano.**
Editora: **Sandra Benito.**
Cartografía: **ANAYA Touring.**
Diseño tipográfico y de cubierta: **Marivies.**

Procedencia de las fotografías: Sabine Tzschaschel y Gabriel Calvo, excepto: AGE: 17, 23a, 28, 32, 36, 42. CORBIS: 16, 38. Fotolia: 22 (2), 99. Getty Images: 6, 8, 18, 57, 64. IStockphoto: 14b, 39, 48, 56, 62, 67, 74, 77, 104, 115, 122.ThinkStockphoto: 11, 53, 73 (2), 90, 94, 100, 102, 103, 110.123 RF: 21, 29, 54, 59, 81, 88, 98.
(a=arriba, b=abajo).

3ª Edición: Enero 2017

Juan I. Luca de Tena, 15. 28027, Madrid

Depósito legal: M-37.060-2016
ISBN: 978-84-9935-949-6
Impreso en España-Printed in Spain

La información contenida en esta guía ha sido cuidadosamente comprobada antes de su publicación. No obstante, dada la naturaleza variable de los datos, recomendamos su verificación antes de salir.

www.anayatouring.com

La página web de Anaya Touring ofrece un completo catálogo de publicaciones de la editorial e información de interés para viajeros. Asimismo se recogerán todas las sugerencias y opiniones que los usuarios quieran hacernos llegar.

Contenido

Cómo usar esta guía

Esta **Guiarama** de **Chile** se divide en varias secciones que abarcan los aspectos más importantes de su visita a esta ciudad.

Una mirada a Chile, páginas 6-17

Diez lugares inolvidables, páginas 18-31

La elección de los autores de los diez lugares más atractivos de la ciudad, todos con información práctica.

Visita a Chile, páginas 32-103

Se divide la visita en dos partes: *Santiago y Regiones de Chile*. Cada una con una introducción y un listado alfabético de los lugares más interesantes.

Información práctica,
Breves notas "¿Sabías que...?"
Paseos a pie.

Dónde ..., páginas 104-127

Información detallada sobre restaurantes, alojamiento, compras, niños y ocio.

Información práctica, páginas 128-135

Toda la información necesaria para el viajero presentada de forma visual.

Mapas y planos

Todas las referencias lo son a los mapas y planos que se incluyen la final de la guía. Por ejemplo, el Museo Histórico Nacional va seguido de la referencia 35B3 que indica la página del plano 35 y las coordenadas B3 donde se halla el monumento.

Precios

El precio aproximado de los establecimientos se indicará mediante los signos:

C caro, **M** moderado y **E** económico.

Clasificación por estrellas

La mayoría de los lugares descritos en el libro se han clasificado por su grado de interés como sigue:

- *** Visita obligada
- ** Muy interesante
- * Interesante

Símbolos utilizados

A lo largo de la guía se han utilizado símbolos sencillos y claros para indicar las siguientes categorías:

- referencia a los planos del final de la guía
- dirección o localización
- número de teléfono
- horario
- restaurante o café
- estación de metro más cercana
- rutas de autobús o tranvía
- estación de tren más cercana
- ferry más cercano
- aeropuerto
- información turística
- servicios para discapacitados
- precio de la entrada
- otros lugares de interés cercanos
- más información práctica
- referencia a la página con información más detallada

EXCURSIONES EN COCHE

A LAS PINGÜINERAS

A FUERTE BULNES

A LA ISLA RIESCO

VISITA A CHILE | VALPARAÍSO

Valparaíso

DÓNDE... | DEPORTES

Deportes

La afición chilena

Una **mirada** a **Chile**

Chile, siempre paisaje

Chile según los autores

Alargado como la hoja de un sable, Chile, que en lengua aymara significa "donde se acaba la tierra", es un país tradicionalmente aislado entre los Andes y el Pacífico, entre el desierto del norte y los hielos del sur. Su extrema geografia conserva calientes aún las huellas de la reciente colonización con fuertes contrastes entre la civilización postmoderna de las ciudades y las misteriosas culturas vernáculas.

Reciben al turista los cuidados parques y las animadas calles de Santiago, Valparaíso le seduce con las vistas de sus cerros, deslumbra la pureza paisajística del Altiplano, sus volcanes nevados y sus bofedales rebosantes de vida insospechada, el fascinante desierto de Atacama pone un acento místico en el viaje. Imposible borrar de la memoria el bucolismo de los lagos patagónicos, el reconfortante vapor de los baños termales, el verde prieto de los bosques araucanos, la experiencia extrema de la impenetrable selva fría, el azul intenso de los hielos glaciares y los horizontes de Tierra del Fuego barridos por el viento. En el litoral, extensas playas de aguas frías propicias para la pesca y la tabla; en el desierto, fantasmales ciudades salitreras y modernas metrópolis que desafían los límites de la lógica. Las cuñas de los fértiles valles incrustados en la estepa del Norte Chico, fertilizados por la niebla marina o "camanchaca", los extensos viñedos y plantaciones frutales del valle central: la naturaleza chilena sorprende por los cuatro puntos cardinales y su hospitalaria gente nos recibe en "su" Chile, que siendo siempre el mejor, es siempre distinto.

▼ Joven en un glaciar con las Torres del Paine al fondo.

Perfil de Chile

Geografía

En los 4.300 km de longitud de Chile continental, una distancia similar a la que hay entre el Sáhara y el Polo Norte, están representados todos los paisajes del planeta, excepto la selva tropical.
El norte es desértico; el valle central una fértil llanura agrícola; en el sur, a los bosques, lagos y volcanes suceden las islas de Chiloé y la selva fría, surcada por la Carretera Austral. Al final del continente, entre grandes campos de hielo, la Patagonia y Tierra del Fuego extienden sus pampas ganaderas y su laberinto de islas hacia las soledades de la Antártida.

Clima

El clima del país es tan variado como su geografía. Entre el sol inclemente del desierto y las lluvias de la Patagonia; está el clima mediterráneo del Valle Central.

La ropa depende de la región que se visite. Las condiciones climáticas obligan a llevar un gran surtido de ropa, desde bañador a jersey. Lo más importante son zapatos cómodos, una chaqueta o anorak cortavientos y, para viajes que lleguen más al sur de Temuco, un chubasquero.

Población

Chile Continental (756.000 km^2, una extensión casi el doble de la península Ibérica) solo tiene 17.950.000 habitantes. Un 90% de la población es urbana y, en Chile Central, se congrega casi el 75% de la misma.
Durante el siglo XX, Chile quintuplicó sus habitantes (en 1900 no llegaba a los 3 millones), pero, en la última década, solo ha crecido a un ritmo de 1,2% al año.
En Chile viven unos 3 millones de indígenas, mayormente aymaras y mapuches.

Idioma

El idioma oficial es el español. En el altiplano norte se habla también aymara; en Araucanía y Los Lagos, la lengua de los mapuche, el mapudungún, y, en la Isla de Pascua, el rapanui, un dialecto polinésico.

Economía

El aumento del precio de las materias primas, especialmente del cobre, contribuyen a un PNB de unos 15.900 dólares por cabeza. La flota pesquera y las piscifactorías, el vino, las plantaciones de fruta y la abundancia de madera, garantizan exportaciones a Europa y a EE.UU. y aseguran puestos de trabajo. Aunque aumentan las diferencias entre ricos y pobres, la cuota de pobreza disminuye.

Regiones y provincias

Chile está dividido en 15 regiones cada una de las cuales comprende varias provincias:
Región I, **Tarapacá**; Capital, Iquique
Región II, **Antofagasta**; Capital, Antofagasta
Región III, **Atacama**; Capital, Copiapó.
Región IV, **Coquimbo**; Capital, La Serena
Región V, **Valparaíso**; Capital, Valparaíso
Región VI, **O'Higgins**; Capital, Rancagua
Región VII, **Maule**; Capital, Talca
Región VIII, **Biobío**; Capital, Concepción
Región IX, **Araucanía**; Capital, Temuco
Región X, **Los Lagos;** Capital, Puerto Montt
Región XI, **Aysén**; Capital, Coyhaique
Región XII, **Magallanes y Antártica;** Capital, Punta Arenas
Región RM, **Metropolitana** capital, **Santiago**
Región XV, **Arica y Parinacota**: capital, Arica
Región XIV, **Los Ríos**: capital, Valdivia

Se agrupan en 6 zonas:
Norte Grande (Regiones XV, I y II)
Norte Chico (Regiones III y IV)
Zona Central (Regiones V, VI, VII, VIII y Región Metropolitana)
Zona Sur (Regiones IX, XIV y X)
Zona Austral (Regiones XI y XII)
Islas Esporádicas (Archipiélago de Juan Fernández e Isla de Pascua)

La esencia de Chile

Aunque cuenta con rincones misteriosos, Chile continental no es un país exótico en la acepción habitual de la palabra. La naturaleza y sus fuerzas –terremotos, riadas, erupciones volcánicas, corrimientos de tierras, tsunamis...– impidieron el desarrollo de culturas florecientes. Los pueblos autóctonos se integraron en ella y la defendieron contra la conquista de los españoles, que se limitó a la explotación de la rica agricultura del Valle Central.

No hay que perderse...

Si solo dispone de unos días y quiere experimentar lo mejor del país, no se pierda lo siguiente:

Una cena en el barrio de Bellavista. Entre los barrios de la capital este es el más céntrico y de más divertida escena nocturna, con una oferta internacional de restaurantes.

Unos baños termales. En las proximidades de los volcanes andinos brotan innumerables fuentes termales que, integradas en el paisaje, proporcionan salud, disfrute y relax.

Visitar un Parque Nacional. Disfrutar de la privilegiada naturaleza chilena en todo su esplendor.

Una casa de Neruda. Las tres casas de Neruda (en Santiago, en Valparaíso y en Isla Negra) son divertidos escenarios del genio, el humor y la sensibilidad poética del impenitente coleccionista.

Un rodeo chileno. La temporada de la fiesta campera nacional tiene lugar a partir de marzo al sur de Santiago.

Admirar el cielo nocturno. El más claro del hemisferio sur, desde un observatorio astronómico.

Subir en ascensor a un cerro de Valparaíso. Disfrutar de las increíbles vistas de esta ciudad patrimonio universal.

Saborear un "pisco sour". El cóctel nacional, a ser posible, con hielo pleistocénico en uno de los glaciares patagónicos.

Comer en una "picada". El tipo de restaurante chileno más popular, verdaderas fábricas de deliciosos sándwiches.

Comprar joyas de lapislázuli. Chile es uno de los pocos países del planeta en que se encuentra esa gema semi-preciosa.

◄ Estación Central de Santiago.

▼ Vista de Santiago de Chile.

Breve historia de Chile

8000 a.C En el desierto de Atacama se asienta la cultura Chinchorro y deja las primeras momias del mundo.

1000 a.C Los Diaguita llegan a Chile desde el norte de Argentina.

1100 d.C Los Araucanos (mapuches, tehuelches y otros) llegan a Chile desde la Patagonia occidental y se asientan en Los Lagos.

1480 Los Incas conquistan el territorio chileno hasta el sur de Santiago.

1520 Magallanes encuentra el paso entre el Atlántico y el Pacífico.

1536 Expedición fracasada a Chile de Diego de Almagro desde Perú.

1540 Expedición de Pedro de Valdivia a Chile.

1541 Pedro de Valdivia funda Santiago de Chile, La Serena (1544), Concepción (1550), Imperial (1551), Valdivia, Villarrica y Arauco (1552), Angol y Tucapel (1553).

1553 Los Mapuche vencen a Pedro de Valdivia, lo apresan y lo matan.

1598 Rebelión mapuche y destrucción de las siete ciudades coloniales del sur.

1778 Chile es denominado Capitanía General y se independiza del Virreinato de Perú.

1810 En España, Guerra de la Independencia. En Chile también.

1817 Los españoles son vencidos por Bernardo O'Higgins y José de San Martín.

1818 Chile declara su independencia. Primer presidente chileno: Bernardo O'Higgins.

1826 La isla de Chiloé, chilena.

1833 Bajo la presidencia de Diego Portales se redacta una nueva constitución Chilena.

1851 Presidente Manuel Montt. Inmigrantes alemanes empiezan a colonizar el país entre Valdivia y Chiloé.

1879-1884 Guerra del Pacífico: Chile, Bolivia y Perú se disputan los yacimientos salitreros, que quedan bajo poder chileno.

1881 El gobierno somete definitivamente a los Mapuche y toma posesión de sus tierras.

1888 Chile se anexiona la Isla de Pascua.

1907 Durante una huelga de salitreros en Iquique son asesinados por el ejército cientos de trabajadores con sus familias.

1913 Se inventa un procedimiento para fabricar nitrato en laboratorios. El salitre se devalúa y la economía chilena entra en crisis.

1940 Chile toma posesión de su parte Antártida. Con la Segunda Guerra Mundial aumentan las exportaciones de cobre.

1945 Gabriela Mistral, premio Nobel de Literatura.

1960 Uno de los mayores terremotos y tsunamis en la costa sur de Chile. 1.000 víctimas y pérdidas de 450 millones de dólares.

1970 Salvador Allende primer presidente comunista del mundo elegido democráticamente.

1971 Nacionalización de las minas de cobre. Kissinger elimina los programas de crédito y ayudas a Chile. Neruda, premio Nobel de Literatura.

1973 Golpe militar de Augusto Pinochet. Allende muere en el Palacio de la Moneda. Miles de chilenos son detenidos o parten al exilio.

1980 Una nueva constitución permite a Pinochet hacerse con la presidencia por 8 años.

1986 Huelgas y revueltas. Atentado a Pinochet. Estado de Excepción.

1988 En un referéndum, el 56 por ciento de los chilenos rechaza a Pinochet.

1989 Elecciones. El democristiano Patricio Aylwin presidente. Reforma Constitución.

1991 Publicación del "Informe Rettig "por la "Comisión Nacional de Verdad y Reconciliación". Se cifran en 3.000 las víctimas de la dictadura.

1998 Pinochet preso en Londres por orden del juez español Baltasar Garzón.

1999 En las elecciones el socialista Ricardo Lagos vence en primarias presidenciales al democristiano Andrés Zaldívar.

2000 Ricardo Lagos, presidente. En marzo, Pinochet vuelve a Chile.

2001 Pinochet comparece ante la justicia y es declarado demente para evitar su proceso.

2002 La socialista Michelle Bachelet, ministra de defensa.

2006 La socialista Michelle Bachelet, presidenta de Chile. Pinochet muere.

2010 En enero Piñera vence al ex presidente Eduardo Fre. En febrero hay una terremoto cerca de Concepción y el 11 de marzo, Piñera es investido presidente 20 años tras el traspaso de poder de Pinochet a los Demócratas.

2014 Michelle Bachelet es reelegida presidenta por el periodo 2014-2018.

2016 Muere Patricio Alwyn, primer presidente electo en democracia.

Un poco de historia

El mayor atractivo del país son, sin duda, sus inagotables fuentes de belleza natural, a menudo tras interminables kilómetros de desierto de sal, o más allá de selvas y campos de hielo inexplorados. En esta "loca geografía" de volcanes, desiertos, cañones, costas verticales, lagos, glaciares, pampas y valles de anchos ríos torrenciales, pueden observarse especies de fauna y flora extintas en otras partes del mundo. La modernización de la red vial facilita la conexión entre los centros urbanos y los más remotos rincones del país.

Naturaleza y paisaje

▲ Llareta.

En la franja de Chile continental, 4.300 km de longitud, pueden distinguirse cuatro zonas con clima y naturaleza peculiares: al norte, los Andes y el altiplano, el extenso desierto interior de Atacama y el desierto costero, con su extrema sequía. En la parte central, con clima mediterráneo, la riqueza agrícola del país. En el sur se extienden los bosques templados lluviosos, los archipiélagos, fiordos y campos de hielo, seguidos por la estepa de Tierra del Fuego. En cada una de estas zonas, la costa forma un ecosistema aparte. El espectro se completa con la Antártida y las islas, a su vez de distinta naturaleza.

Norte Grande

El desierto del norte chileno es el más seco del planeta. Solo en los pocos oasis y en las escasas cuñas de los ríos hay agricultura. Desde el nivel del mar hasta los 1.400 m hay bosques de tamarugos que hunden su raíces hasta la profunda capa freática. Marcan la altitud entre 1.700-2.000 m, cactus candelabro, cuyos troncos, convertidos por apaleo en tablones, servían para puertas y techumbres. En el altiplano la vegetación es rala y, en los verdes bofedales, pacen camélidos andinos (llamas, guanacos, vicuñas...). Entre las rocas crece la llareta, una umbelífera con formas de cojín, de lento crecimiento y gran poder calórico, esquilmada para combustible de las salitreras. En las rocas suele solazarse la vizcacha, un gracioso roedor pariente de la chinchilla, inservible para la industria peletera. En los lagos, patos y taguas, un ave que hace nidos flotantes. Hay zorros y pumas menos visibles. A partir de los 4.500 m de altitud no hay vegetación. En las lagunas de los salares abundan los patos y flamencos ("parinas"). El cóndor, buitre emblemático de los Andes, vuela desde las cumbres al mar.

▼ Alpacas pastando en el Parque Nacional Lauca y pareja de llamas.

Norte Chico

En la estepa del Norte Chico, con más lluvia, ríos con corriente continua y la niebla marina "camanchaca", los valles son fértiles vegas de frutales (papayas) y viñedos productores del pisco chileno. Fuera de los valles, la vegetación es de matorral.

Chile Central

Aunque muchas especies de la flora de Chile Central, con clima mediterráneo, son endémicas, tienen nombre europeo (avellano, olivillo, belloto, espino), pues fueron bautizadas por los colonizadores españoles según su parecido con las que ellos conocían. Las más curiosas son el quillay, árbol del jabón, y la palma chilena, que produce coquitos y miel, por lo que ha sido sobreexplotada. Entre la fauna autóctona, mamíferos pequeños, como el coipo y el quique (parecido a la comadreja), lagartijas e iguanas y gran variedad de aves.

Los bosques araucanos

Se distinguen 12 tipos de ecosistemas de bosques lluviosos templados. Los bosques de alerces (especie de cipreses) y de araucarias, árbol sagrado de los mapuche, son impresionantes. En el sotobosque, entre coigües, canelos, raulís o lingues, crecen helechos y la suculenta nalca, con hojas gigantes y aplicación medicinal. Proliferan dos tipos de bambú, la quila y el colihue. Entre las flores, la chilca (fucsia) y la flor nacional, el copihue, que es una liana. Abunda la nutria de río, llamada huillín, y dos cérvidos, el huemul y el pudú, que es el más pequeño del mundo. Hay gran variedad de pájaros, patos y cachañas (especie de loro más austral del mundo). Entre matorrales se esconden roedores como el monito del monte o la comadrejita trompuda, sapos y lagartijas de llamativos colores.

La costa

Hay colonias de pequeños pingüinos de Humboldt, que anidan entre cactus, en el Norte Chico; en el sur, pingüinos de Magallanes, y media docena más de especies en la Antártida. Con ruidosos gruñidos se anuncian las grandes colonias de lobos de mar, loberías, desde Iquique a Punta Arenas. El chungungo, una pequeña nutria marina, es menos visible. Hay varios tipos de gaviotas, albatros y graciosos pájaros, como el pilpilén y el zarapito. Entre los cormoranes, el guanay y el cormorán imperial. En el mar hay orcas, delfines y gran cantidad de peces y mariscos endémicos, uno de los atractivos de la cocina chilena. En las frías aguas del sur hay explotaciones salmoneras y variedades de algas que tienen aplicación en cosmética y alimentación.

Paseos por la naturaleza

La variadísima naturaleza chilena ofrece lugares interesantes para visitar en cada región. Por todo el país hay Parques Nacionales, Reservas y Santuarios de la Naturaleza con buen acceso en vehículo propio. Todos cuentan con buenas infraestructuras para acampar, hacer senderismo, observar las ricas fauna y flora y bañarse en ríos y lagos de aguas limpias, más calmas (y más cálidas) que en la costa.

▼ Bosque de araucarias.

Famosos de Chile

Pablo Neruda

Neftalí Ricardo Reyes Basoalto nació en Parral en 1904, hijo de un ferroviario y de una maestra que murió cuando él tenía un mes de edad. Pasó su infancia y adolescencia en Temuco, donde empezó a publicar poesías. Para ocultárselo a su padre, tomó prestado el nombre de un escritor checo, Jan Neruda, que encontró al azar. Estudió pedagogía y francés en Santiago. En 1927 empezó a viajar como cónsul chileno por diversos países: Birmania, Java, Singapur, Argentina... En España entabló amistad con los poetas del 27 y fundó con García Lorca, la revista *"Caballo Verde para la poesía"*. Luchó junto a los republicanos en la guerra española (1936-1939), fue cónsul en México (1940-1943). En 1945 recibió el Premio Nacional de Literatura. Exiliado durante el gobierno de García Videla, huyó a Argentina y anduvo por la Unión Soviética y China hasta que pudo regresar a Chile en 1952. En 1971 obtuvo el premio Nobel. Murió de cáncer en Santiago, poco después del golpe militar de 1973. En su copiosa obra destacan *"Veinte poemas de amor y una canción desesperada"*, *"Residencia en la tierra"*, *"Canto general"*, *"Odas elementales"*, *"Estravagario"* y sus memorias en prosa *"Confieso que he vivido"*.

► Foto recortada de Pablo Neruda en el patio de *La Chascona*. Al lado, La Sebastiana, casa-museo del poeta.

Salvador Allende

Salvador Allende Gossens (1908-1973) nació en Valparaíso. Estudió medicina en Santiago y luchó contra la dictadura de Carlos Ibáñez. Fue uno de los fundadores del Partido Socialista de Chile y toda su vida trabajó por la justicia social. En 1969 se creó la "Unidad Popular", una alianza de partidos integrada por los partidos comunista, socialista, radical, MAPU y Acción Popular Independiente. El 4 de septiembre de 1970 triunfó en los comicios por mayoría relativa. El gobierno de Allende fue bloqueado desde el principio por la CIA y la derecha chilena. El 11 de septiembre de 1973 tuvo lugar un golpe militar, el palacio de la Moneda fue bombardeado. Salvador Allende se suicidó tras haber resistido heroicamente defendiendo el mandato que le dio el pueblo.

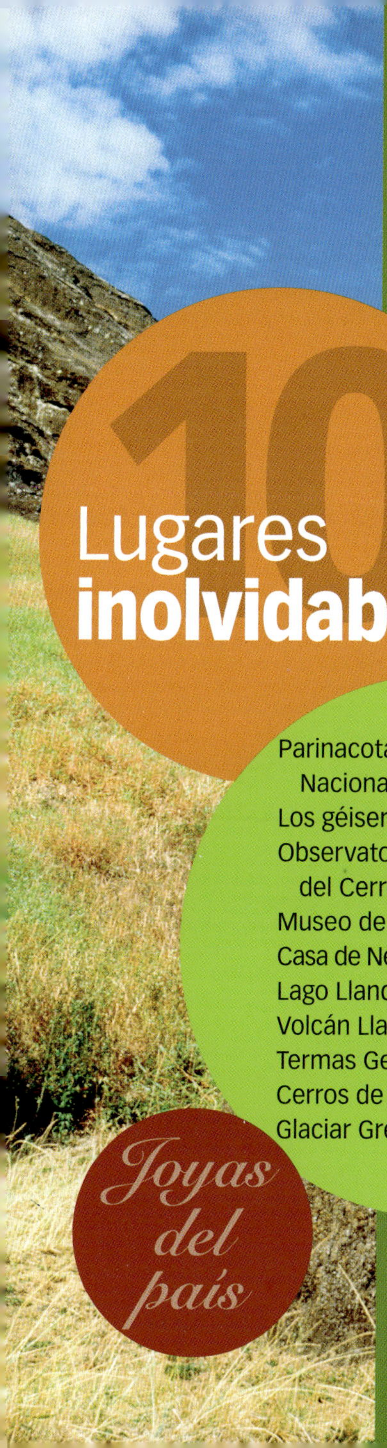

10 Lugares inolvidables

Joyas del país

Parque Nacional Lauca

1

Info

- La carretera de Arica a La Paz (Bolivia), a partir del km 154, atraviesa el parque.
- El acceso es libre. Casas de guardas en Las Cuevas, Parinacota y Chungará. 9-12.30 h y 13-17.30 h.
- En Putre hay buenos restaurantes y hospedajes. **Hostería Las Vicuñas** Baquedano, 80. 58 223 10 28. hotelenputrechile.blogspot.com

En el parque hay cabañas para pernoctar, previa reserva en la Oficina de CONAF de Arica.

- Vicuña Mackenna, 820;
- 58 220 12 00.
- Desde Arica hay autobuses diarios a La Paz (estación de autobuses) y a Putre (Buses La Paloma, Germán Riesco 2071).
- Para internarse en el parque se requiere vehículo todo terreno y se recomienda llevar gasolina de reserva: en el altiplano también los vehículos sufren el soroche y consumen un 25% más de combustible.

► El Parque Nacinal con los volcanes Mellizos al fondo.

En el altiplano, a 4.000 m de altitud, el aire es más delgado y más limpio el paisaje: majestuosos volcanes, lagunas transparentes, bofedales llenos de vida y la enigmática cultura aymara.

En las 138.000 ha del parque se protege el ecosistema del altiplano a partir de los 3.000 m de altitud. Lo atraviesa el río Lauca ("pasto húmedo"), que nace en el bofedal de Parinacota, un pantano formado por filtración de agua de los lagos Cotacotani y Chungará. Entre los volcanes destacan los dos Mellizos (en aymara *"Payachatas")*: el Parinacota (6.350 m) y el Pomerape (6.282 m), que, según una leyenda, son las tumbas de dos enamorados, un príncipe y una princesa, sacrificados por sus respectivos pueblos rivales. Otros volcanes del parque son el Guallatire (6.060 m) y el Acotango (6.050 m).

La población principal es **Parinacota,** a 4.400 m de altitud. La mayor parte de sus casas son corrales para las recuas de mulas que transportaban el oro de Potosí a Arica. En el siglo XVII se construyó la iglesia como centro misionero para los viajeros. Detrás del pueblo están las lagunas verdes de Cotacotani, formadas al desprenderse un flanco del volcán Parinacota. Pocos kilómetros más arriba está el paso fronterizo. Al otro lado se ve el nevado del volcán Sajama (6.520 m), ya en territorio boliviano.

Los pastos de los bofedales, terrenos pantanosos de aguas salobres, son frecuentados por camélidos (llamas, alpacas, vicuñas y guanacos). Además, hay en el parque pumas, vizcachas, zorros y 130 especies de aves, entre ellas, patos, flamencos *("Parinas")* y taguas, que construyen sus nidos en balsas. Llama la atención la profusión de llaretas, una planta umbelífera y resinosa de alto poder calórico.

Los géiseres de El Tatio

2

Las fumarolas del campo volcánico de El Tatio en Atacama surgiendo del suelo helado forman uno de los espectáculos más impresionantes de la naturaleza chilena.

El campo geotérmico del volcán Tatio presenta gran actividad postvolcánica, con 70 fumarolas, 40 géiseres, 60 termas y 5 pozos de barro hirviendo. Bajo el terreno hay desplazamientos y los surtidores cambian de lugar, por eso son pocos los géiseres que forman torres. No hay erupciones fuertes, pero sí cambios en el nivel de las aguas, que en algunas partes brotan a baja temperatura (40 °C). A un lado del campo hay una piscina en la que se bañan los turistas de las más de dos docenas de autobuses que acuden diariamente a El Tatio.El itinerario de la excursión se completa con un recorrido por los pueblos del alto Loa:

Caspana (400 habitantes, 3.305 m de altura) es un pueblo quechua que mantenía separacion de los demás pueblos atacameños. La iglesia de San Lucas, anterior

a 1641, es modelo de proporciones y arquitectura de todas las iglesias del altiplano atacameño.

Chiu Chiu ("arenal") fundada por los colonizadores españoles con el nombre de Atacama la Chica, está en las mejores tierras del valle, cerca de la confluencia de los ríos Salado y Loa y en el Camino Real Inca. En el río había una fortaleza para defender el paso de la ruta comercial entre la selva y la costa: en las excavaciones se han hallado restos de moluscos y plumas de aves exóticas. Cuando se hizo el camino entre Cobija y Salta, Chiu Chiu fue una estación que llegó a tener 10.000 mulas de recambio. El ferrocarril terminó con su importancia y los habitantes de Chiu Chiu se fueron a las salitreras del desierto. La Iglesia de San Francisco Chiu Chiu fue construída en 1675 con muros de adobe, vigas de chañar y techado y puertas de troncos de cactus aplanadas por apaleo y atadas con lañas de cuero.

La **Pucara de Lasana** es una fortaleza del siglo XII en un promontorio sobre el Loa. Restaurada en 1951, muestra una singular arquitectura de estrechas calles, con 110 edificios de varias habitaciones. Los tejados de madera y barro han desaparecido.

▲ La visita a las fumarolas se realiza a primera hora de la mañana.

Info

- 94 km al norte de San Pedro, a 4.321 m de altitud.
- Para ver el Tatio en todo su esplendor hay que salir de San Pedro a las cuatro de la mañana. A esas horas, las temperaturas pueden alcanzar los 10 grados bajo cero. Con la luz del sol, las fumarolas desaparecen.
- **Restaurante Muley**
  Esmeralda 984; Chiu Chiu.
  994 51 77 43.
  Cocina regional
- **Museo Etnográfico de Caspana**
  Mar-Dom, 10-13 h y 14.30-18 h.

Observatorio Cerro Mamalluca

3

Info

Observatorio
A 9 km del centro de Vicuña.
Visita todas las noches a partir de las 22 h; oficina: Vicuña, C/ Gabriela Mistral 260, 51 241 13 52, www.turismoastronomico.cl.

Hotel Halley
Gabriela Mistral, 445
51 241 12 25. En una antigua casona con hermosos patios, comida chilena, abundante y a buen precio
www.turismohalley.cl

Las agencias de turismo de La Serena y de Vicuña organizan excursiones diarias. En las noches de verano hay hasta 5 turnos de visita, de 22 h a 4 h. El traslado se hace en microbús.

Observatorio Interamericano del Cerro Tololo
Sáb, 9 h y 13 h. Reservar en 51 220 52 00. Acceso: Pista señalizada (39 km), que se desvía a la derecha, en el km 56 de la carretera La Serena-Vicuña
www.ctio.noao.edu

Desde los montes que flanquean el valle del Elqui, la bóveda negra del firmamento, tachonada de constelaciones, se ve tan nítida que parece al alcance de la mano.

La seca atmósfera y la falta de contaminación lumínica (regulada por ley) permiten observar el firmamento nocturno en condiciones inmejorables, por lo que las grandes sociedades astrofísicas del mundo han instalado observatorios en el norte de Chile. En el valle del Elqui hay tres. Dos de ellos, en Cerro Tololo, son científicos y desde sus instalaciones se estudia el espacio mediante ordenadores. Los observatorios turísticos resultan una alternativa mucho más satisfactoria para los aficionados: en ellos se puede observar las estrellas por telescopio, y los guías, estudiantes de astronomía, que responden en el lenguaje más coloquial posible a las preguntas del público, son capaces de hacer comprensible lo de las supernovas y los agujeros negros...

El firmamento del hemisferio sur puede desorientar a los europeos: la Estrella Polar no se ve, la Osa Mayor, Casiopea y Orión están descolocados, hay muchas estrellas y constelaciones desconocidas, como la Cruz del Sur, que guió a Magallanes por el estrecho en 1534, las Nubes de Magallanes, que sirvieron al pirata Drake para encontrar el rumbo de sus saqueos, la Corona Austral, el Centauro, El Pez Volador, Betelgeuse, Sirio...

El Observatorio Comunal Cerro Mamalluca, que en quechua significa "lugar extraño", está a 1.200 m de altura. La visita de observación nocturna, es un *tour* con vídeo, charla introductoria y observación del firmamento con un telescopio de 30 centímetros de diámetro. En la explanada delantera hay terrazas con telescopios menores. El centro cuenta con cafetería y tienda de souvenirs.

Museo de San Francisco

4

En pleno centro de Santiago, al pie del Cerro Santa Lucía, se puede disfrutar de monástica tranquilidad admirando el mejor museo colonial de Chile.

Los cinco franciscanos que llegaron a Santiago en 1553 se instalaron en la ermita que Valdivia había construído para guardar la estatua de la *Virgen del Socorro* que había traído consigo desde Cuzco, con la condición de hacer un templo mejor. En la iglesia, que tiene un admirable artesonado, están enterrados la esposa legítima de Valdivia, Dª. Marina Ortiz de Gaete, y el arquitecto Toesca.

El museo se conserva la más importante colección de arte colonial del país: en el claustro, los únicos restos de la pintura colonial en Chile y esculturas del taller jesuíta de Calera de Tango (siglo XVIII). En la sacristía, una serie de la *Vida de la Virgen* (escuela cuzqueña), el gran lienzo de genealogía franciscana, Vírgenes de Pomata (escuela del lago Titicaca), y tallas de la escuela Quiteña. En la Sala San Pedro de Alcántara, una estatua del santo asceta (rostro cadavérico, lengua de cuero y dientes y pelo naturales) y una serie de pintura cuzqueña con la *Vida de San Francisco* (Francisco de Moncada, 1756). Un Crucifijo Chilote en el que se pueden apreciar los rasgos naturalistas de la escuela de Chiloé, única que desarrolló en Chile una estética autóctona: con fuerte tórax y brazos, piernas cortas, ausencia de rasgos indígenas y cabello tallado. En una capilla del claustro dedicada a Gabriela Mistral, se expone la medalla y el diploma del Premio Nobel, recibido en 1945. La poetisa pertenecía a la orden tercera de religiosas seglares.

En la sala capitular, pinturas de Angelino de Medoro, el iniciador italiano de la escuela de pintura Limeña, y otras cuzqueñas. En la Gran Sala se exponen 54 grandes lienzos con la vida de San Francisco, pintados en el taller cuzqueño del quechua Basilio Santa Cruz. En la Sala Platería se acumulan 47 lienzos de la escuela cuzqueña.

Info

- Alameda 834.
- 22 639 87 37.
- Lun-Vier, 9-30-13.30 h y 15-18 h, Sáb y Dom, 10-14 h. Cerrado: 1 enero, 1 mayo, Viernes Santo, 11, 18 y 19 septiembre, 25 diciembre.
- www.museosanfrancisco.cl.
- **La Fuente Alemana**
  - Alameda 58.
- 22 639 32 31.
- Línea 1. Universidad De Chile.
- Centro histórico.

◄ Interior del Museo de San Francisco.

▼ Imagen del Santo.

La casa de Neruda en Isla Negra

5

Info

- Poeta Neruda s/n, Isla Negra, El Quisco
- 35 246 11 43
- Visitas solo guiadas de marzo a diciembre Mar-Dom de 10 a 18 h, y de enero y febrero Mar-Dom 10-20 h). Lunes cerrado
- www.fundacion-neruda.org
- **Restaurante "El Cielo"**
  Isidoro Dubornais, 4169.
  35 46 25 39. Especialidad en pescados y mariscos,
- hotelrestaurantelcielo.cl
- Hay autobuses desde Santiago o desde Valparaíso hasta Algarrobo, Isla Negra y San Antonio
  Desde Santiago se puede tomar cualquiera de las dos autopistas (68 o 78) y hacer un circuito de 350 km por buena carretera que incluye los 20 km del "Litoral de los Poetas"
- El "Litoral de los poetas"

▲ En Isla Negra son frecuentes las actividades que recuerdan al poeta.

► En otra página, el Lago Llanquihue y el Volcán Osorno.

"Compañeros, enterradme en Isla Negra, / frente al mar que conozco, a cada arena rugosa de piedras / y de olas que mis ojos perdidos / no volverán a ver..." (P. Neruda).

De las tres casas de Neruda, la Chascona en Santiago, la Sebastiana en Valparaíso, esta de Isla Negra reúne las colecciones más curiosas del poeta. Neruda coleccionista impenitente, no solo de metáforas, supo enmarcar su vida en escenografías impresionantemente sencillas. Las casas no están hechas con materiales caros ni respiran demasiada solidez, pero el genio del poeta y los curiosísimos objetos que reunió son de gran atractivo: barcos en miniatura, caracolas, muñecos y los famosos mascarones de proa: La Guillermina, La Medusa, y María Celeste. Mobiliario, cuadros y objetos tienen un anecdotario de alto valor literario. En esta casa vivió el poeta con su segunda esposa, la escritora y pintora argentina Delia del Carril, apodada "La Hormiguita".

Isla Negra no es una isla, sino una costa rocosa de acantilados basálticos en la que el mar se rompe con furia inigualable. El lugar enamoró al poeta Pablo Neruda, que, a su regreso de Europa, en 1937, buscaba un retiro para escribir su *Canto General*. El poeta salió de ella en 1973 camino del hospital de Santiago donde murió, poco después del golpe de Pinochet.

Durante la dictadura, la casa fue saqueada y cerrada. A pesar del letrero que prohibía las visitas, la gente acudía para leer sus poesías en voz alta o dejarlas escritas en los alrededores. Es una costumbre que aún perdura. En el jardín reposan, desde 1992, los restos del poeta y de su tercera esposa, Matilde Urrutia.

El Lago Llanquihue

El paisaje del Lago Llanquihue podría estar en los Alpes austríacos si el volcán Osorno no pusiera en el horizonte su nota de grabado japonés.

El lago Llanquihue se formó por obstrucción del lago Todos los Santos causada por las erupciones del Osorno (2.652 m). Aunque ya fue avistado por Pedro de Valdivia en 1552, los nativos mapuche, intimidados por la actividad de los volcanes Osorno y Calbuco, abandonaron estas tierras, que quedaron inexploradas y cubiertas de espesos bosques hasta 1852, fecha en que llegaron los primeros colonos alemanes y las convirtieron en fértiles campos de cultivo. La colonización se dio por concluída en 1881. Actualmente una carretera asfaltada bordea sus azules orillas, entre verdes praderas de pastos, bosques y campos.

Sus principales poblaciones son **Puerto Varas** (33.000 habitantes, una capital que cuenta con casino y excelente comercio) y **Frutillar** (17.000 habitantes). Las semanas de música clásica de Frutillar (enero-febrero) ponen más ambiente alemán en el Llanquihue. En la orilla opuesta, menos urbanizada, la falda del Osorno es un moderno centro de esquí y a la cumbre se puede subir en telesilla. Detrás del volcán queda el Parque Nacional Pérez Rosales y el Lago Todos los Santos, con su leyenda de la "Ciudad de los Césares". El Llanquihue cuenta con excelente infraestructura turística y en todos los pueblos hay buenas playas, hoteles y restaurantes. Merece la pena probar los tradicionales pasteles alemanes *"kúchenes"*.

6

Info

Desde Puerto Montt, que es la es la capital de la provincia de Llanquihu, hay 20 km hasta Puerto Varas. La carretera que rodea el lago tiene w150 km, en su mayor parte asfaltados.

En Puerto Varas, Frutillar y en la estación de esquí del Osorno hay buenos restaurantes.

Museo Colonial Alemán

Av. Vicente Pérez Rosales s/n, Frutillar.

65 421 142.

Temporada alta, Lun-Dom, 9-19.30 h. Temporada baja, Lun-Dom, 9-17.30 h.

Ruta: En Puerto Varas hay agencias que ofrecen excursiones por el Llanquihue. La mejor forma de visitarlo es en vehículo alquilado.

Parque Nacional Vicente Pérez Rosales.

El Volcán Llaima

7

Info

A 90 km al este de Temuco, desde Melipeuco una pista de 67 km atraviesa el parque (unos 30 km) hasta Curacautín

Las guarderías del parque están abiertas todo el año. El Centro de visitantes del Lago Captrén solo Nov-Abr 8.30-20 h
45 841 710

En Melipeuco y Curacautin hay que aprovisionarse de agua y comida. En el lago Captrén hay un pequeño colmado. Alojamiento y restaurante (reserva) en las cabañas **La Baita** Camino Laguna Verde 45 2581073; www.labaitaconguillio.cl

En coche alquilado con buenas ruedas pues la pista es de lava y corta los neumáticos. La agencia **Viajes Trébol**
Antonio Varas 854 (Temuco), 45 274 74 74 organiza excursiones al Parque

Desde Curacautín se puede emprender excursiones a las Termas de Tolhuaca y de Manzanar

En el Parque Nacional Conguillío, alrededor del Volcán Llaima, están los más extensos bosques de araucarias de Chile, hay tres lagunas en las que es posible bañarse y muchos senderos señalizados.

El atractivo principal del parque, 60.000 ha, es el omnipresente volcán Llaima (3.125 m), con su penacho de humo y su paisaje cambiante con cada erupción (más de 40 en los últimos 200 años, la última en el 2003). La pista asciende y pasa por detrás del volcán. Se atraviesan en este camino 3 lagunas y bosques de araucarias, lleuques, canelos, raulís y lengas.

Por la entrada al parque desde Melipeuco, pasada la Laguna Verde, formada por una lengua de lava que tapó el curso del río, empieza la vegetación y el camino se vuelve más cómodo, pues la arena tapa el escorial de lava. Entre bosques está la laguna Arco Iris, en cuyas aguas verdes se confunde el reflejo de la vegetación con los troncos de árboles hundidos. Junto al gran Lago Conguillío, en el bosque centenario de araucarias, está el Centro de Información del Parque: cuenta con cabañas, una pequeña tienda, lugares para acampar y una extensa playa. En la laguna Captrén, a la salida del parque, sobresalen los troncos de los árboles del valle inundado. El camino termina en Curacautín, desde donde hay 84 km por buena carretera a Temuco.

La Araucaria (Araucaria araucana). Crece en áreas de intenso volcanismo, entre los 800 m y 1.700 m de altitud, en una estrecha franja chileno-argentina, entre los paralelos 37° 27' y 37° 50'. Puede alcanzar los 2.000 años de edad. Su madera es resistente, sus troncos rectos, de hasta 40 m de altura. Su fruto es un piñón comestible, el pehuén, sustento principal de los Pehuenche, para quienes es un árbol sagrado.

► Parque Nacional Conguillío.

Las Termas Geométricas en Coñaripe

8

Del subsuelo en ebullición brotan por todo Chile multitud de aguas medicinales. Las Termas Geométricas, en un entorno natural sabiamente mantenido, ofrecen sus saludables aguas y su depurada estética.

Debido a la intensa actividad volcánica de los Andes chilenos, brotan por todo el país innumerables fuentes de aguas termales, acondicionadas de la forma más variopinta, según el talante empresarial del propietario del terreno. Entre las muchas que abundan en el Parque Nacional de Villarrica, unas provistas de lujosa hostelería, otras de campings y hasta de simples bañeras incrustadas en la tierra, las Termas Geométricas son sin duda las mejores.

Se trata de unos sofisticados baños acondicionados en una angosta quebrada pizarrosa, *"Cajón Negro"*, formada por el arroyo Aigué. A lo largo del barranco, de cuyas paredes manan más de sesenta fuentes a temperaturas de entre 38 °C y 40 °C, hay una pasarela de madera de medio kilómetro de longitud, que recorre las 18 pozas en las que es posible bañarse o nadar. Las aguas termales se mezclan con las cascadas que bajan de la montaña creando un mundo irreal de vapores y rumores en el que solo hay tres colores: el rojo de la madera, el negro de la pizarra y el verde de la vegetación.

Al final de la garganta hay una oscura cascada en la que se puede tomar una ducha o nadar. La obra de arte es del arquitecto chileno Germán del Sol. Las termas cuentan con duchas y vestidores perfectamente integrados en el paisaje y un quincho (chiringuito), en el que se puede comer algo.

Info

Termas Geométricas
- 10-21 h (del 21 dic al 28 de febr); 11-19 h (del 1 mar al 20 dic)
- 974 77 17 08
- www.termasgeometricas.cl
- El Quincho de las termas ofrece un sencillo menú, así como el restaurante de las Termas Vergara
  Alojamiento:
  Termas Vergara (M)
  Camino Los Cajones, km 14, 22 795 16 06
  www.termasvergara.cl
  Cabañas confortables
- Playa y termas de Coñaripe

A 16 km de Coñaripe, tomando el camino que va hacia el Parque Nacional Villarrica y un desvío (3 km) desde el km 15 de dicho camino. En el itinerario quedan las **Termas Vergara** (14 km), y, más arriba, las **Termas del Rincón** (a19 km). Todoterreno.

▼ Distintas vistas de las instalaciones de las termas.

Los Cerros de Valparaíso

9

Info

Museo Bellas Artes. Mar-Dom 10.30 h a 18 h
Casa-Mirador de Lukas. Mar-Dom, 11 h a 18 h
www.lukas.cl

Café Turri
Templeman 147, Cerro Concepción
32 236 53 07
www.turri.cl

Valparaíso Mi Amor
Papudo 612, Cerro Concepción
32 274 99 92

Desde los cerros del anfiteatro de Valparaíso, con su desordenada arquitectura y su animada vida cotidiana, las vistas sobre la cosmopolita bahía son gratificantes de día y de noche.

El angosto centro urbano de Valparaíso, en la parte baja de la bahía, está limitado por 17 cerros, cada uno con su peculiar colorido local. A cada cerro suben destartalados ascensores (en realidad son funiculares) que renqueando alivian el ascenso por interminales escaleras y empinadas cuestas y marcan la impronta de la ciudad.

En los cerros más centrales, **Concepción** y **Alegre,** construyeron sus villas los industriales ingleses y alemanes en la primera mitad del siglo XIX, buscando las vistas

▶ Zona comercial en Valparaíso.

al mar mediante edificios volados, insertados en la roca y balcones y miraderos como prolongación de las viviendas. Tranquilas plazuelas, pasajes y escaleras que conducen a perspectivas nuevas a la vuelta de cada esquina.

Detrás de la Plaza Sotomayor, escondido tras el Palacio de los Tribunales, el ascensor El Peral sube al **Cerro Alegre,** donde están los paseos y balcones más llamativos de Valparaíso. El ascensor llega a una luminosa estación en el **Paseo Yugoslavo,** que lleva el nombre de la patria del industrial salitrero Pascual Baburizza, el cual lo construyó en 1929. En su palacio de estilo modernista está instalado el **Museo de Bellas Artes,** que conserva colecciones de pintura Chilena y Europea de los siglos XIX y XX. Una de sus salas, con cuadros del alemán Rugendas y del inglés Somerscales, está dedicada a Valparaíso. Destacan las obras de los chilenos Pedro Lira, Juan Francisco González, Cosme San Martín y Valenzuela Puelma. Al otro lado del paseo se prepara un **Museo de Iconografía** del siglo xx. Desde el Paseo Yugoslavo se puede seguir por la sinuosa calle Álvaro Besa y, atravesando el pasaje Bavestrello, llegar a los miradores y paseos del Cerro Concepción.

El ascensor Concepción es el más antiguo de Valparaíso. Fue inaugurado en 1883 y salva un desnivel de 47 m. Su estación baja está en un oscuro callejón de la Plaza Turri, anunciada con su letrero y su farol reglamentarios. Cerca de la estación de arriba, en el Cerro Concepción, está la terraza del *Café Turri*. Desde el café baja una escalera que llega hasta detrás del edificio "El Mercurio", en la calle Esmeralda. Al final un letrero anuncia la cueva del chivato.

▼ Vista desde Cerro Artillería.

El Paseo Gervasoni es un balcón en el que está la **Casa-Mirador de Lukas**, un centro cultural centrado en el tema "Valparaíso", con programa de tertulias, cine y exposiciones.

Detrás del Paseo Gervasoni están las iglesias anglicana y luterana. Valparaíso fue la primera ciudad que aglutinó diversas religiones. La **iglesia de San Pablo** se construyó en 1865, cuando aún estaban prohibidos los cultos no católicos, y quedó camuflada entre los demás edificios, sin torre y sin pórtico. El atrio es la plazuela **Paseo de los 14 Asientos**. La iglesia luterana, fue construida en 1897 ya bajo la ley de libertad de cultos (1868) y ostenta una alta torre.

El **Paseo Atkinson** tiene las vistas tapadas por una pared de hormigón que se alza desde el Plan; pero, por un lado, se puede ver la plaza Aníbal Pinto. Allí esta el *Hotel Brighton*, con terrazas escalonadas para su clientela especial.

El Glaciar Grey

10

Info

La portería principal, Lago Sarmiento, está abierta todo el año, de 8.30 a 20 h. La entrada cuesta 15.000 pesos

Hotel Lago Grey
61 241 01 72.
www.lagogrey.cl
Desde el comedor de la hostería se tiene una impresionante vista del lago, los témpanos del glaciar y el Macizo de las Torres del Paine

En el Centro de Documentación de Conaf (abierto en verano, 9-20 h), hay una exposición de flora, fauna e historia geológica del parque.
La carretera es una pista de ripio en buen estado, pero en la que peligran las lunas de los vehículos. Desde Puerto Natales hay 144 km hasta las Torres del Payne.
Parque Nacional Torres del Paine

Está en el Parque Nacional Torres del Paine. Asistir a la muerte de los glaciares, con sus derrumbes de masa de hielo, es un espectáculo sobrecogedor. El intenso color azul del Glaciar Grey, en medio del Macizo Torres del Paine, es de los que se graban para siempre en el recuerdo.

Aislado en medio de la pampa magallánica, el Macizo Torres del Paine se levantó hace 12 millones de años impelido desde la tierra. Una orogénesis tan violenta, que la capa de sedimentos de piedra que había en el suelo se quedó colgada a 3.500 m de altitud y hoy se percibe su color granate sobre el magma solidificado de color gris.

El parque tiene 181.414 ha y desde 1978 es Reserva de la Biosfera de la Unesco. En un entorno salpicado de prados y bosques, con 20 lagos (entre ellos el Lago Grey) y 15 lagunas unidos por 13 ríos torrenciales, hay

7 imponentes glaciares y ventisqueros frecuentados por amantes del senderismo, de la escalada o de la aventura glacial "controlada". En el parque hay 7 hoteles, casi todos de lujo, además de refugios, campings, y restaurantes.

Al final del lago Grey, está el Glaciar Grey, formado en la gran masa del Campo de Hielo Sur. Tiene dos frentes partidos por el monte Nunatak (496 m), un monte que aún estaba completamente cubierto de hielo hace100 años.

Hoy, el frente occidental del glaciar, tiene 3,6 km de ancho, y el frente oriental, 1,2 km. Los hielos tienen un grosor de 30 m. En los últimos 10 años, el glaciar ha disminuido 2 km de longitud y 600 m de anchura. El intenso color azul se debe a la expulsión del oxígeno producida a lo largo de los siglos por la presión de los hielos. Cuanto más antiguo es el hielo, más intenso el azul.

▲ Montañeros frente al Glaciar Grey.

◄ Imponentes vistas del Glaciar Grey.

Visita a Chile

Santiago Ciudad Moderna

SANTIAGO

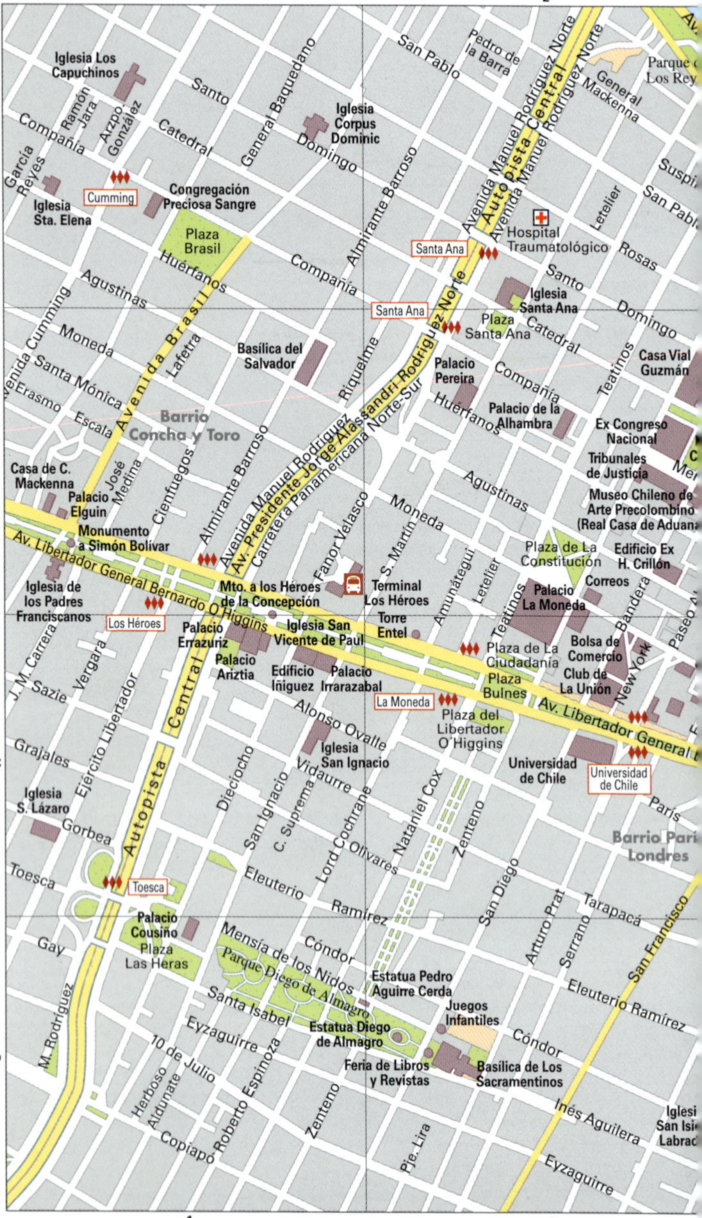

0 100 200 300 m
1
2
A
B
C
D
Iglesia Los Capuchinos
Ramón Jara
Arzpo. González
Santo Domingo
Catedral
Compañía
García Reyes
Iglesia Sta. Elena
Cumming
Congregación Preciosa Sangre
Plaza Brasil
General Baquedano
Iglesia Corpus Dominic
San Pablo
Pedro de la Barra
Avenida Manuel Rodríguez Norte
Autopista Central
General Mackenna
Parque Los Rey
Suspi
San Pabl
Letelier
Hospital Traumatológico
Rosas
Santa Ana
Almirante Barroso
Huérfanos
Agustinas
Avenida Cumming
Moneda
Santa Mónica
Erasmo Escala
Avenida Brasil
Lafetra
Basílica del Salvador
Riquelme
Av. Presidente Jorge Alessandri Rodríguez Norte
Carretera Panamericana Norte-Sur
Avenida Manuel Rodríguez
Iglesia Santa Ana
Plaza Santa Ana
Palacio Pereira
Palacio de la Alhambra
Teatinos
Casa Vial Guzmán
Ex Congreso Nacional
Tribunales de Justicia
Museo Chileno de Arte Precolombino (Real Casa de Aduana)
Barrio Concha y Toro
Casa de C. Mackenna
Palacio Elguin
José Medina
Cienfuegos
Monumento a Simón Bolívar
Av. Libertador General Bernardo O'Higgins
Iglesia de los Padres Franciscanos
Los Héroes
Mto. a los Héroes de la Concepción
Fanor Velasco
Terminal Los Héroes
S. Martín
Torre Entel
Amunátegui
Plaza de La Constitución
Edificio Ex H. Crillón
Correos
Palacio La Moneda
Bandera
Paseo A
Palacio Errazuriz
Iglesia San Vicente de Paul
Palacio Ariztia
Edificio Iñiguez
Palacio Irrazabal
Plaza de La Ciudadanía
Plaza Bulnes
Bolsa de Comercio
Club de La Unión
New York
J. M. Carrera
Vergara
Sazie
Ejército Libertador
Autopista Central
La Moneda
Plaza del Libertador O'Higgins
Alonso Ovalle
Iglesia San Ignacio
Vidaurre
Universidad de Chile
París
Barrio París Londres
Grajales
Iglesia S. Lázaro
Gorbea
Dieciocho
San Ignacio
C. Suprema
Lord Cochrane
Nataniel Cox
Zenteno
Olivares
Toesca
Eleuterio Ramírez
San Diego
Arturo Prat
Serrano
Tarapacá
San Francisco
Palacio Cousiño
Plaza Las Heras
Gay
Mensía de los Nidos
Parque Diego de Almagro
Cóndor
Estatua Pedro Aguirre Cerda
Juegos Infantiles
Santa Isabel
Estatua Diego de Almagro
Eyzaguirre
M. Rodríguez
10 de Julio
Roberto Espinoza
Feria de Libros y Revistas
Basílica de Los Sacramentinos
Herboso
Aldunate
Copiapó
Pje. Lira
Inés Aguilera
Iglesi San Isi Labrad

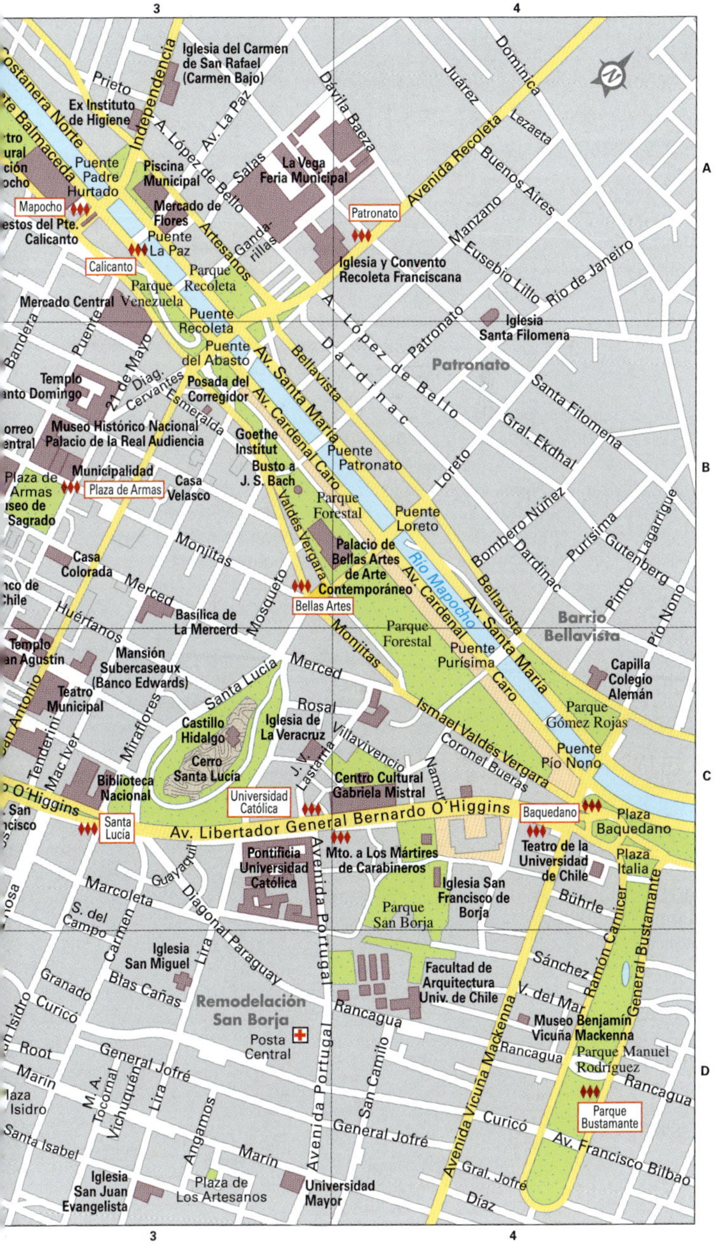

3
4
A
B
C
D
Iglesia del Carmen de San Rafael (Carmen Bajo)
Ex Instituto de Higiene
Prieto
Independencia
Costanera Norte
Balmaceda
Puente Padre Hurtado
Piscina Municipal
A. López de Bello
Av. La Paz
Salas
La Vega Feria Municipal
Dávila Baeza
Juárez
Dominica
Lezaeta
Avenida Recoleta
Buenos Aires
Mapocho
Calicanto
Mercado de Flores
Puente La Paz
Artesanos
Gandarillas
Patronato
Manzano
Eusebio Lillo
Río de Janeiro
Iglesia y Convento Recoleta Franciscana
Parque Recoleta
Parque Venezuela
Mercado Central
Puente Recoleta
Puente del Abasto
Bandera
Puente
A. López de Bello
Dardignac
Iglesia Santa Filomena
Patronato
Templo Santo Domingo
21 de Mayo
Diag. Cervantes
Esmeralda
Posada del Corregidor
Av. Santa María
Bellavista
Santa Filomena
Gral. Ekdhal
Museo Histórico Nacional
Palacio de la Real Audiencia
Goethe Institut
Av. Cardenal Caro
Puente Patronato
Loreto
Plaza de Armas
Municipalidad
Casa Velasco
Busto a J. S. Bach
Parque Forestal
Puente Loreto
Bombero Núñez
Purísima
Gutenberg
Lagarrigue
Monjitas
Valdés Vergara
Palacio de Bellas Artes
Museo de Arte Contemporáneo
Río Mapocho
Dardignac
Casa Colorada
Merced
Mosqueto
Bellas Artes
Av. Cardenal Caro
Bellavista
Av. Santa María
Barrio Bellavista
Pinto
Pío Nono
Huérfanos
Basílica de La Mercerd
Monjitas
Parque Forestal
Puente Purísima
Templo San Agustín
Mansión Subercaseaux (Banco Edwards)
Santa Lucía
Merced
Capilla Colegio Alemán
Teatro Municipal
Rosal
Ismael Valdés Vergara
Parque Gómez Rojas
San Antonio
Castillo Hidalgo
Iglesia de La Veracruz
Villavicencio
Coronel Buerás
Tenderini
Mac Iver
Miraflores
Cerro Santa Lucía
J. V. Lastarria
Namur
Puente Pío Nono
Biblioteca Nacional
Centro Cultural Gabriela Mistral
O'Higgins
San Francisco
Universidad Católica
Av. Libertador General Bernardo O'Higgins
Baquedano
Plaza Baquedano
Santa Lucía
Pontificia Universidad Católica
Avenida Portugal
Mto. a Los Mártires de Carabineros
Teatro de la Universidad de Chile
Plaza Italia
Guayaquil
Marcoleta
S. del Campo
Carmen
Diagonal Paraguay
Iglesia San Francisco de Borja
Parque San Borja
Bührle
Ramón Carnicer
General Bustamante
Iglesia San Miguel
Lira
Sánchez
Granado
Blas Cañas
Remodelación San Borja
Facultad de Arquitectura Univ. de Chile
V. del Mar
Curicó
Rancagua
Museo Benjamín Vicuña Mackenna
San Isidro
Root
General Jofré
Posta Central
San Camilo
Rancagua
Avenida Vicuña Mackenna
Parque Manuel Rodríguez
Marín
Plaza Isidro
M. A. Tocornal
Vichuquén
Lira
Angamos
Avenida Portugal
Rancagua
Parque Bustamante
Curicó
General Jofré
Santa Isabel
Marín
Av. Francisco Bilbao
Gral. Jofré
Iglesia San Juan Evangelista
Plaza de Los Artesanos
Universidad Mayor
Díaz

Santiago de Chile

Santiago es una moderna metrópoli con skyline, comercios, parques, oferta cultural y un metro seguro. Pedro de Valdivia fundó la ciudad en 1541. En el siglo XVIII, se contruyó la Catedral, las iglesias de Santo Domingo y La Merced y el Palacio de la Moneda. Los seísmos y las riadas del Mapocho han dejado pocos vestigios de historia colonial: el Santiago actual data, en gran parte, de mediados del siglo XX.

Santiago de Chile

En el Gran Santiago, poco más de seis millones de habitantes, se concentra casi el 45 por ciento de la población, el 20 por ciento de las inversiones y el 50 por ciento del total de bienes y servicios de este país centralizado.

El **centro histórico** se extiende desde la Plaza Baquedano hacia Poniente, entre el río Mapocho y la Alameda O'Higgins. En medio está la Plaza de Armas, un recinto que por las tardes se anima con torneos de ajedrez en el Kiosco de la Música, puestos de pintores y actuaciones de saltimbanquis, cuentacuentos y actores callejeros. En el centro de la plaza está el *Monumento a la Libertad de América,* obra del italiano F. Orsolino, 1837. En un extremo el *Monumento al Pueblo Indígena* (E. Villalobos, 1992) y, frente a la fachada de la Municipalidad, una **estatua ecuestre de Pedro de Valdivia** (Pérez Comendador, 1960). Dos lados de la plaza son soportales comerciales que mantienen la tradición del mercado colonial: quioscos de comida en uno y de objetos de cuero en otro. El lado oeste está formado por la fachada corrida de la Catedral, la Parroquia del Sagrario, y el Palacio arzobispal, actualmente ocupado por oficinas. En el lado norte, el edificio de Correos, la Real Audiencia y la Municipalidad. Atraviesa las calles del centro una red de pasajes comerciales que, hacia la Alameda O'Higgins, son más selectos; más populares son los comercios que hay entre la Plaza y el Mercado Central, calles conocidas como *"La Pequeña Lima"* porque en ellas se reúnen los emigrantes peruanos.

Orientarse en Santiago

Extendida a lo largo del río Mapocho, que baja de la cordillera en dirección este-oeste, la plaza Baquedano es el centro neurálgico del tráfico urbano de Santiago. De Baquedano para arriba, en Oriente, quedan los barrios altos, los rascacielos de "Sanhattan" y las ciudades jardín. Mapocho abajo, hacia Poniente, están el centro colonial, el centro cívico y los barrios más populares. Desde la Plaza Baquedano arranca la Alameda O'Higgins, principal vía de tráfico urbana, en dirección suroeste.

◄ Mural en la fachada de un edificio en la calle Tucapel Jimenez.

▼ Estatua ecuestre de Pedro de Valdivia en la Plaza de Armas, en Santiago de Chile.

LO QUE HAY QUE VER EN SANTIAGO

MUSEO HISTÓRICO NACIONAL **

Alojado en el edificio de la Real Audiencia (Goycolea, 1808) se exponen en sus 15 salas testimonios de la historia de Chile, desde las culturas indígenas hasta el gobierno de la Unidad Popular (1973): muebles, armas, uniformes, herramientas, objetos religiosos y pintura. Entre las pinturas sobresalen la *Fundación de Santiago* (P. Lira, 1888) y *la Captura de Caupolicán,* de Raymond Monvoisin. Entre las maquetas, destaca un "conventillo", especie de corralas de principios del siglo xx. Entre los objetos curiosos, un almofrez o saco de dormir del siglo xvii.

- 35B3
- Plaza de Armas, 951. Metro Plaza de Armas
- Mar-Dom, 10-17.30 h
- **Faisán d'Or**
  Pl. de Armas 430, telf. 22 696 41 61. Abierto de 8 a 23 h todos los días
- www.museohistorico-nacional.cl
- No

MUSEO DE SANTIAGO (CASA COLORADA) *

La **Casa Colorada** (1769) fue el domicilio de Mateo de Toro y Zambrano (1727-1811), Presidente de la Primera Junta de Gobierno (1810), que tenía un almacén para vender sus productos agrícolas en la planta baja y la vivienda en el primer piso. En 1888 recibió la mano de pintura roja que le dio nombre. Reconstruida en 1978, conserva uno de los tres patios originales, alrededor del cual están las dependencias del museo: dioramas con escenas históricas, terremotos y batallas.

- 35B3
- Merced 860
- En remodelación
- No

MUSEO DE ARTE PRECOLOMBINO ***

En el antiguo Palacio de la Real Aduana, construido según planos de Toesca, se expone la colección de objetos precolombinos de la familia Larraín Echenique, en pequeñas vitrinas que permiten una comparación dia-

- 34B2
- Bandera 361
- Mar-Dom, 10-18 h
- www.precolombino.cl
- **Restaurante Bar Nacional 1**
  Huérfanos 1151
  22 696 59 86. Buen pastel de choclo y zumos
- Sí

▲ Tradición y modernidad se mezclan en las calles de Santiago.

crónica entre las distintas culturas del continente. Completan el museo una tienda y una cafetería con terraza veraniega en el patio, bajo un mural que representa a la ciudad de Santiago (Zamudio, 1990).

IGLESIA Y MUSEO DE LA MERCED **

La primera iglesia de la Merced fue construida por Rodrigo de Quiroga, el marido que Pedro de Valdivia dio a su amante Inés de Suárez. Ambos están enterrados en ella. En el siglo XVIII, el italiano Toesca construyó el edificio actual, de estilo renacentista. En el claustro está el **Museo de la Merced,** que conserva objetos precolombinos y de la Isla de Pascua, pintura colonial de la escuela cuzqueña y una llamativa colección de crucifijos y 85 Niños-Dios de la escuela quiteña. Cuenta con cafetería y tienda de artesanía.

- 35B3
- Esq. Merced con Mac Iver 341
- Lun-Vier, 10-14 y de 15-18 h
- 22 664 91 89
- contacto@museolamerced.cl
- **El Vegetariano**
  - Huérfanos 827, Local 18
  - 22 639 14 50. Buenas ensaladas y zumos
- No

MERCADO CENTRAL **

Fue diseñado por Fermín Vivaceta con planos de Aldunate y fabricado en Inglaterra. Vicuña Mackenna lo inauguró en 1872 para la Exposición de Artes e Industrias. Actualmente es un centro de restaurantes turísticos de frutos de mar. El auténtico mercado, **Feria Municipal de la Vega,** está a la otra orilla del río. Al lado del mercado está la antigua **Estación Mapocho,** un edificio de hierro construido por Emilio Jecquier (1905), convertida en Centro Cultural.

- 35A3
- San Pablo 967
- Lun-Jue, 7-17 h; Vier 7-20 h, Sáb 5.30-17 h y Dom 5.30-18 h
- www.mercadocentral.cl
- Puente Cal y Canto — Sí

PALACIO DE LA MONEDA Y CENTRO CULTURAL **

El Palacio de la Moneda fue construido como ceca de acuñar monedas por Joaquín Toesca entre 1788 y 1805,

- 34B2
- Cambios de guardia, a las 10 h, cada dos días
- **100% Natural**
  - Valentin Letelier 1319 Sándwiches y zumos
- La Moneda — Sí

siguiendo el modelo de viviendas coloniales de dos patios sucesivos. Desde 1846 hasta 1958 residieron en él los presidentes de la República. En 1922 la fábrica de monedas fue trasladada a la Quinta Normal.

El palacio está abierto a dos plazas: la **Plaza de la Constitución,** ante la fachada principal y la novísima **Plaza de la Ciudadanía** (Cristian Undurraga, Ana Luisa Delvés, 2006), una polémica plaza dura con un estanque de agua, en cuyo subsuelo hay un gran **Centro Cultural** *(visita de lunes a domingo, de 9 h a 21 h)* con grandes salas de exposiciones, la **Cineteca Nacional** *(sesiones de cine a las 15.30 h, 18 h y 20.30 h)* y una **Galería artesanal** con muestras de todas las regiones de Chile.

MUSEO DE LA SOLIDARIDAD SALVADOR ALLENDE **

f. p.
Av. República 475. Metro República
Mar-Dom, 10-18 h
www.mssa.cl
Parque O'Higgins

Alojado desde el 2006 en la antigua Embajada española, la idea del museo fue lanzada por el crítico madrileño Moreno Galván para apoyar al gobierno de Allende. Cuando Pinochet tomó el poder, había ya 400 obras. Durante el régimen militar, siguió recibiendo obras en su exilio parisino. La colección, repatriada en 1991, cuenta con más de 1.800 obras de artistas contemporáneos, entre los que figuran Miró, Dalí, Tàpies, Calder, Vassalery, Siqueiros, Matta, Wilfredo Lam...

PALACIO COUSIÑO **

34C1
Dieciocho 438. Metro Toesca
Lun-Vier, 9.30-12.30 h y 14.30-16 h
22 698 50 63
Confitería Torres
Alameda 1570
22 688 99 00
confiteriatorres.cl
Aquí, el presidente Barros Luco solía tomar un sándwich bautizado con su nombre y que hoy en día es el "sándwich nacional". Es una variante de lo que se conoce como "sándwich mixto"
No
Parque Diego de Almagro

Museo Histórico y Militar de Chile
Blanco Encalada 1550
22 694 99 00
www.mhm.cl
Parque O'Higgins
Mar-Dom, 10-17 h
Parque O'Higgins

Fue construido como residencia urbana de Isidora Goyenechea, viuda de Cousiño y empresaria de las minas de carbón de Lota. La casa refleja el estilo de vida de la más rica familia de Chile en 1900. Artistas y artesanos, mobiliario, tapices, brocados y papeles fueron importados de Europa. Por primera vez se incorporaron en una casa calefacción y ascensor. En 1941, el Ayuntamiento de Santiago la compró para recibir a visitantes ilustres.

Al final de la calle Dieciocho está al **Museo Histórico y Militar de Chile,** inaugurado en 1997. Documenta la historia militar nacional hasta 1960 y da una idea de la importancia del ejército en Chile.

PARQUE O'HIGGINS **

f. p.
Parque O'Higgins y Rondizzoni, Línea 2
Abierto Mar-Dom, 9-20 h (invierno), y 9-21 (verano)

El antiguo Campo de Marte, donde, a mediados del siglo XIX, había arsenales y cuarteles, se convirtió en parque público en 1870, a instancia del filántropo empresario Luis Cousiño. En el parque se celebran las mayores fiestas de la capital: La parada militar del 19 de Septiembre. En **El Pueblito,** una reproducción de las aldeas del valle central, hay restaurantes y varios museos: **Museo de Insectos,** un **Acuario** *(visita de lunes a viernes de 10 a 19 h, sábados y domingos de 11 a 20 h),* una **Plaza de la Artesanía** y el **Museo del Huaso Chileno Oreste Plath.**

BARRIO DE BRASIL *

En 1840, las tierras que había entre el centro y la Quinta Normal se urbanizaron con **cités,** conjuntos de viviendas con una sola entrada desde la calle, y **conventillos,** cuartos alrededor de un patio con una entrada a la calle. A mediados del siglo XX, la cercana Universidad de Santiago, dio al barrio su ambiente estudiantil. La **Plaza Yungay** fue construida en 1839 en homenaje a la Batalla de Yungay, ganada por Chile a la Confederación Perú-Boliviana. En el centro de la misma hay un *Monumento al Roto Chileno,* en reconocimiento de la importancia que tuvieron en la batalla estos soldados de extracción social humilde, apodados "rotos" por sus vestimentas andrajosas. El 20 de enero se celebra la victoria de Yungay con fiestas populares.

34A1

Las Vacas Gordas
Cienfuegos 280
22 697 10 66. Tradicional, animado

Café "París"
Huérfanos 2080
22 688 57 31

PARQUE DE LA QUINTA NORMAL ***

La Quinta Normal eran tierras que el gobierno entregó en 1844 a la Sociedad Nacional de Agricultura para que las integrara en su programa pedagógico. De ahí su nombre de "Normal". En el parque hay media docena de museos:

Museo Nacional de Historia Natural alojado en un palacio construido en 1875 por Paul Lathoud para la Exposición Internacional de Santiago. Conserva colecciones de fauna, flora y geología. Especial interés reúnen la sala de mineralogía Domeyko y, en la planta superior, la sala del cobre. Entre las colecciones arqueológicas, destacan una réplica de la momia de un niño inca sacrificado en el santuario de altura de El Plomo y tablillas parlantes y moais de la Isla de Pascua.

El **Museo de Ciencia y Tecnología** (cerrado hasta finales 2012) y el **Museo de la Educación Gabriela Mistral** son dos museos dedicados a la educación.

El **Museo Ferroviario de Santiago** muestra, en el exterior, 16 locomotoras y, en un edificio, maquetas de trenes.

El **Museo Artequín** está dedicado a pedagogía del arte, alojado en el pabellón chileno en la Exposición Universal de París, 1889.

Enfrente de la Quinta Normal, al otro lado de la calle Matucana, un antiguo edificio de oficinas estatales ha sido remodelado como **Biblioteca Pública Metropolitana.** El edificio cuenta con una buena sala de exposiciones temporales, un tranquilo café y sala de Internet.

f. p.
Accesos por Matucana, Santo Domingo y Avenida Portales
Metro Quinta Normal Línea 5

Museo de Ciencia y Tecnología
Junto a la Laguna
22 681 60 22
Mar-Vier, 10-18 h, Sáb, Dom y festivos, 11-18 h
www.mucytec.cl

Museo de Educación Gabriela Mistral
Chacabuco 365, Barrio Yungay-Matucana
22 681 81 69
Lun-Vier, 10-13 h y 14:30-17 h
www.museodelaeducacion.cl

Museo Ferroviario de Santiago
Cerca de la Av. Las Palmeras
22 681 46 27
Verano: Mar-Vier, 10-19 h, Sáb, Dom y festivos, 11-19 h
Invierno, cierran 1 hora antes

Museo Artequín
Av. Portales 3530
22 681 86 56
Mar-Vier, 9-17 h;
Sáb, 11-18 h. Febrero cerrado
www.artequin.cl

BARRIO LASTARRIA O DE BELLAS ARTES **

Entre el Cerro Santa Lucía y el Parque Forestal del Mapocho, está el Barrio de Bellas Artes (Calle Lastarria y Plaza del Mulato Gil de Castro), semipeatonal, con buenos bares y restaurantes, tiendas turísticas, galerías de exposiciones, cine y teatro. En la Plaza de Mulato Gil de Castro, un moderno edificio (Cristian Undurraga y Ana

35B3
Bellas Artes, Universidad Católica

MAVI
Mar-Dom, 10.30-18.30 h

MAS
Miér-Lun, 11.30-18.30 h

▲ Mural en memoria de la poeta Gabriela Mistral.

Devés, 2003) reúne el **Museo de Artes Visuales (MAVI)** y el **Museo Arqueológico (MAS)**. Los fondos del museo son la colección del empresario Manuel Santacruz, gran admirador del chileno Roberto Matta, del que hay más de 80 obras. Un mural suyo de cerámica *(La Debutante, 2002)*, adorna el patio de la plaza del museo, donde hay terrazas de restaurantes. En el primer piso se expone una pequeña colección de arte precolombino.

35B3

DaCarla
Mac Iver 577
22 633 37 39
www.dacarla.cl
El mejor italiano del barrio

Gatopardo
J.V. Lastarria 192
22 633 64 20
www.restaurante-gatopardo.cl

Zabo
J.V. Lastarria 307, Plaza Mulato Gil
22 639 36 04
www.zabo.cl
Comida internacional, peruana, japonesa y cócteles

Restaurante Ópera Catedral
José Miguel de la Barra esq. Merced
22 664 30 48
www.operacatedral.cl

CERRO SANTA LUCÍA **

Está abierto de 9 h a 20 h; en invierno solo hasta las 19 h. Accesos por las calles Merced, Alameda y Victoria Subercaseaux. A finales del siglo XIX, el intendente Vicuña Mackenna convirtió el agreste Cerro de Santa Lucía en parque público.

Junto a la **portada** monumental (Víctor Villeneuve y Ángel Bondi, 1903), hay una **fontana** dedicada a Neptuno. Desde allí se accede a un **mural** dedicado a la insigne Gabriela Mistral (Fernando Daza, 1970) y arranca una escalera que sube hasta el Mirador, pasando la *estatua de Caupolicán* (Nicanor Plaza), el caudillo Mapuche cantado por Ercilla en *La Araucana*. Desde el **Mirador,** situado sobre el cañón que da la hora del mediodía, se tiene una buena panorámica de Santiago. Desde allí se llega a la cumbre, **Plaza Pedro de Valdivia,** con una *estatua* del conquistador en el centro (Aristedmo Costoli, 1874), y un quiosco de refrescos que tiene buen "mote con huesillos".

I MUSEO NACIONAL DE BELLAS ARTES *

El Parque Forestal de la ribera del Mapocho fue inaugurado en 1910. Empieza en la Plaza Baquedano, donde está la Fuente Alemana y termina en la Estación y Mercado Central. En el parque está el **Palacio de Bellas Artes** (Emilio Jecquier, 1910), que cita en su arquitectura el Petit Palais de París. Sobre la fachada hay una *alegoría* de las Bellas Artes (Guillermo Córdova, 1907) y, delante, una escultura de Rebeca Matta que representa a Dédalo e Ícaro *("Unidos en la gloria y en la muerte")*.

El edificio reúne las colecciones del **Museo Nacional de Bellas Artes** y del **Museo de Arte Contemporáneo (MAC).** En el gran hall de la entrada, cubierto por una cúpula de cristal y hierro de casi 2.500 toneladas de peso, construida en Bélgica, se expone escultura chilena. Sobre la balconada del primer piso, hay varios relieves de cariátides y ángeles, obra del catalán Antonio Coll Pí. Alrededor del hall se abren, en el primer piso, las salas de la colección de pintura y, en el piso bajo, exposiciones temporales.

35B3
Parque Forestal s/n
22 499 16 00
www.mnba.cl
Línea 5. Estación Bellas Artes
Mar-Dom, 10-18.45 h
El Emporio de la Rosa
Merced 291
22 638 92 57 Terraza, buen café, té y helados artesanales
www.emporiolarosa.com

I LA CHIMBA Y EL BARRIO BELLAVISTA **

La Chimba ("al otro lado del río") eran tierras de cultivo sometidas a los embates del río que, urbanizadas a finales del siglo XIX, dieron lugar a los barrios de Bellavista y La Purísima. Cruzando el río Mapocho desde la Plaza Baquedano por el Puente Pío Nono, se entra en la parte más turística del Barrio Bellavista. Son calles arboladas, de casas bajas ocupadas por joyerías de lapislázuli y locales de restauración. Por la calle Constitución se llega a la **Plaza Camilo Mori,** con una casona palaciega de estilo vasco-francés construida para la familia Lehuedé (Federico Bieregel, 1923). A pocos metros está la casa de Neruda.

35B4
La Boheme
Constitución 124
22 737 41 10
Venezia era el local al que solía acudir Neruda
Pío Nono 200
22 777 58 69
El Caramaño. Cocina chilena
Purísima 257
22 737 70 43
www.caramano.tripod.com
Lun-Dom, 13 h hasta la medianoche.

I LA CHASCONA ***

En 1953 Pablo Neruda y Matilde Urrutia se compraron un solar en la falda del Cerro San Cristóbal y se hicieron esta casa a la que Neruda llamó *La Chascona,* en alusión al cabello crespo de Matilde. Se casaron –tercer y definitivo matrimonio del poeta– en 1955. La casa la construyó el arquitecto Germán Rodríguez Arias y, como todas las de Neruda, es un agregado sucesivo de habitaciones separadas por escaleras, pasadizos y balcones con vistas a la ciudad. A los pocos días del golpe militar, el 23 de septiembre de 1973, Neruda murió de cáncer en la clínica Santa María y La Chascona fue saqueada. Matilde Urrutia exigió velar en ella el cuerpo del poeta para denunciar la situación de Chile al mundo entero.

35B4
Fernando Márquez de la Plata, 0192
22 777 87 41
www.fundacionneruda.org
Visitas, Marz-Dic, Mart-Dom, 10-18 h) Ener-Febr, Mar-Dom 10-19 h. Lun cierran. Visitas guiadas reservas en el 22 737 87 12

▲ El escultor y la musa, escultura en el interior del Museo de Bellas Artes.

EXCURSIÓN EN COCHE

Distancia
Hasta el final del Cajón (Baños de Colina) hay 100 km. Desde Puente Alto salen dos carreteras por ambas orillas del río. En la orilla norte hay abundantes restaurantes con menús típicos *(curanto* o *carne plateada).* Desde la estación de metro Bellavista de la Florida hay autobuses a San José de Maipo.

Buin
Metrotrén desde la Estación Central hasta Estación Buin. Para llegar a las viñas, caminar una cuadra en sentido sur y tomar un colectivo

Bodegas Concha y Toro
Virginia Subercaseaux 210 Pirque
Lun-Dom, 10-17 h. Reservar 4 días antes
22 476 52 69
www.conchaytoro.com

Viña Santa Rita
A 9 km del pueblo
Mar-Vier, 11.30 h y 16 h. Se pueden combinar con un almuerzo en el restaurante a las 12.15 h y a las 14 h
22 362 25 20

Termas de Morales y de Colina
Minibuses diarios; 7.30 h, Plaza Baquedano, ante el Teatro de la UC. Regreso por la tarde Reservar en agencia turística:

Manzur Expediciones,
22 777 42 84
www.termasvalledecolina.com

Baños
8.30-19.40 h; en invierno 9.30-16 h

Cajón del Maipo y viñedos suburbanos

Al suroeste de Santiago, el río Maipo baja de los Andes formando un estrecho valle. En su recorrido riega 200.000 ha de terreno y alimenta cuatro embalses. Su afluente principal es el Mapocho.

En el bucólico paisaje del Cajón hay estaciones de esquí, termas y parques naturales.

San José de Maipo, población principal del valle, fue fundada por O'Higgins en 1792.

Pasada la ciudad, se desvía una pista (16 km) a la estación de esquí de Lagunillas, de elemental infraestructura, con 13 pistas, restaurante y alojamiento.

En **Romeral,** a los 45 km, se acaba el asfalto y la carretera se bifurca en dos caminos que siguen el curso de los dos ríos que forman el Maipo.

Por el blanquecino río Yeso, se llega al embalse y a las termas de Plomo, a 3.000 m de altitud.

Por el claro río Volcán, se llega al monumento natural El Morado y a los populares Baños de Colina y Morales.

Los **Baños de Colina,** desbordados de gente en verano, cuentan con pozas naturales de aguas amarillentas (60°C).

Los **Baños Morales** cuentan con cuatro piscinas de aguas ferruginosas (24°C).

Cerca está **El Santuario Natural El Morado,** un área protegida que debe su nombre al color del cerro donde nace el arroyo que lo atraviesa.

Un sendero de 8 km –5 horas ida y vuelta– conduce al **Glaciar San Francisco** pasando por la Laguna Morales.

EL CERRO SAN CRISTÓBAL (PARQUE METROPOLITANO) **

Cuando los españoles llegaron, el cerro se llamaba "Tupahue", palabra quechua que significa "Cerro Grande", pues es el más alto de los cerros urbanos de Santiago (880 m; Santiago está a 605 m de altitud). Empezaron a llamarlo "San Cristóbal", patrono de caminantes, los viajeros de la época de la colonia porque les servía de orientación.

En la **Cumbre** hay un restaurante con terraza panorámica, quioscos de venta de helados y recuerdos. Desde allí se accede a la gran imagen de la Virgen, que es hueca, de hierro, tiene 14 m de altura y pesa más de 36 toneladas. Fue fundida en los talleres franceses de Val d'Osne por el italiano Jaconetti. En el sector llamado **Tupahue** hay una gran **piscina**, una plaza de juegos y el **Jardín Mapulemu** (bosque de piedra) que ocupa la ladera de las antiguas canteras. También un restaurante y una sala de exposiciones y conciertos (Casa de la Cultura Anahuac). Cerca de la estación final del funicular está el **Jardín Japonés** (Tadaschi Asahi, 1978). En 1925 se inauguraron el funicular y el **Zoológico Nacional.** La próxima obra será la construcción de un gran jardín botánico que recorrerá toda la falda del monte.

Desde el final del teleférico por la calle Pedro de Valdivia, siguiendo la orilla del río hacia arriba por la avenida Santa María, está el **Parque de las Esculturas** (Germán Bannen, Jorge Oyarzún, 1988), con doce obras de chilenos contemporáneos. Hacia la mitad del parque, cruzando el río por el puente P. Letelier, y tomando por la calle Nueva Lyon, se llega pronto a la estación de metro Los Leones y al centro de Providencia.

35A-B4
Diario, 8.30-21 h
22 730 13 00
Funicular (5-10 minutos)
Desde la Plaza Caupolicán.
Lun, 13-20.30 h; Mar-Vier, 10-20.30 h; Sáb, Dom y festivos, 10-21 h

Piscina Tupahue
Entradas. Mar-Dom, 10-18 h
Uso Mar-Dom, 10-19.30 h
Lun cerrado

Jardín Mapulemu
Lun-Dom, 10-18 h

Zoológico Nacional
Mar-Dom y festivos, 10-18 h en verano, y hasta las 17 h en invierno
www.parquemet.cl/zoologico-nacional

PROVIDENCIA Y LOS BARRIOS DE ORIENTE **

Subiendo desde la Plaza Baquedano hacia Oriente se llega a los nuevos barrios de rascacielos, poblados de de bancos, oficinas, apartamentos y hoteles, con modernas tiendas y restaurantes. **Sanhattan** se llama esta parte de Oriente, el gran barrio financiero construido a partir de 1980, que incluye los barrios de Providencia, Las Condes y Vitacura. El barrio recibió su nombre de una congregación religiosa canadiense, las Hermanas de La Providencia, cuyo convento estaba en Providencia, 509.

En Plaza Baquedano, sube paralelo al río el **Parque Balmaceda.** Dispersos por el parque quedan restos de los tajamares, o muros de contención del Mapocho. En medio del parque está el *Café Literario* con biblioteca *(abierto de lunes a domingo de 9 h a 22 h).* Al final está el *Monumento a la Aviación Chilena.* La Avenida Providencia atraviesa el barrio de este a oeste. Entre las estaciones de metro Pedro de Valdivia y Los Leones, está lo que se puede considerar el centro del barrio: la **Oficina Principal de Sernatur** *(Av. Providencia 1550).*

Providencia
Café del Patio
Cirujano Guzman 39
22 235 28 65
Café Tavelli
Andrés de Fuenzalida 36
22 234 34 08
www.tavelli.cl

Chile Central

El Valle Central es una región de tradición agrícola, de clima y paisaje mediterráneos, caminos bordeados de álamos que conducen a grandes haciendas y extensos viñedos o cultivos de arándanos, grosellas, fresas y frambuesas. Es la tierra del rodeo chileno y de los huasos, nombre que se da en Chile a la gente del campo. En el litoral hay buenas playas frecuentadas por santiaguinos. En los Andes hay santuarios naturales y en el sur dominan los bosques de cultivo (sobre todo, eucaliptos).

Valparaíso

Valparaíso (290.000 habitantes) en una amplia bahía, tiene una angosta parte baja, el Plan, cercada por un anfiteatro de 17 cerros en los que se encaraman las barriadas de viviendas. Empinadas escaleras y los típicos funiculares, llamados "ascensores", salvan la diferencia de altura.

Es una ciudad anárquica, hecha para andar, asistir a la vida vecinal de los cerros, con casas techadas de zinc y pintadas de abigarrados colores, pararse a leer los poéticos graffitis de las paredes, subir en los destartalados ascensores a disfrutar de las vistas de sus paseos y miradores y descubrir la fotogenia de cada rincón. Tan importantes en su paisaje urbano como los gringos y turistas, son los perros callejeros de vida indolente y los gatos abandonados que subsisten en las acequias de las quebradas. Un conjunto urbano que fue declarado Patrimonio Cultural de la Humanidad por la Unesco en julio de 2003.

EL PLAN Y LOS CERROS

En el barrio del Plan, la parte baja de Valparaíso, se concentran el comercio, el puerto y las instituciones oficiales. La calle principal, que arranca de la Plaza Aduana, al norte, recorre la parte baja ensanchándose en plazas, y tomando distintos nombres: Calle Bustamante, Plaza Echaurren, Calle Serrano, Plaza Sotomayor, Calle Prat, Calle Esmeralda, Calle Condell, Plaza de la Victoria, Avenida Pedro Montt, hasta acabar en el Congreso. Hasta el terremoto de 1906, la vida social y comercial de Valparaíso se centraba en las calles Prat y Esmeralda, que hoy día muestran signos de decadencia.

ASCENSOR ARTILLERÍA Y MUSEO NAVAL **

A los pies del Cerro Artillería está la **Plaza de la Aduana.** En el edificio de la Aduana trabajó Rubén Darío (1886-1889) y compuso su obra *Azul,* en gran parte inspirada en la ciudad. Detrás de la Aduana, el **ascensor Artillería** salva 80 m de desnivel hasta la estación alta, el **Paseo 21 de Mayo,** desde donde se tienen las mejores panorámicas del puerto. Un poco más arriba, en el Cuartel de la Escuela Naval, está el **Museo Naval y Marítimo** que documenta la historia de la Armada de Chile desde 1810 hasta 1883.

PLAZA ECHAURREN Y LA IGLESIA LA MATRIZ *

La Plaza Echaurren conserva el ambiente original con que la construyó en 1886 Francisco Echaurren, el intendente que urbanizó Valparaíso. Originariamente era la

▲ Panorámica de la ciudad.

◀ Fachadas típicas en la ciudad.

▼ Ascensor a Valparaíso

50A1

Museo Naval y Marítimo

Paseo 21 de Mayo, 45
32 243 76 51
www.mmn.cl

Ascensor Artillería

Lun-Dom, 7-21.30 h
En la estación alta del ascensor hay un buen café con terraza panorámica

50B1

Los Porteños I

Valdivia 169
32 225 25 11 Marisquería cerca del mercado del Puerto. En el 2º piso hay marisquerías

▲ Panorámica de Valparaíso.

Plaza de Armas, y las calles de esta quebrada, única de la bahía que tenía agua dulce, el barrio más antiguo. En él está la **Iglesia La Matriz,** la primera que se construyó en Valparaíso. El templo actual, quinto de la historia, es una basílica de 1842. Hasta el siglo XIX el puerto llegaba hasta el Mercado del Puerto, junto a la plaza Echaurren.

50B2

LA PLAZA DE SOTOMAYOR Y EL PUERTO **

Preside la gran **Plaza de Sotomayor** el cuartel principal de la Marina Chilena (Ernesto Urquieta, 1910), construido para ayuntamiento y en cuya arquitectura se citan las líneas de la alcaldía parisina. Domina el conjunto de la plaza el gran dado de cristal del edifico Grace, de la Compañía Sudamericana de Vapores. En el centro está el *monumento a los Héroes de Iquique,* con una estatua del General Prat y una cripta en la que reposan sus restos. Al construir el aparcamiento subterráneo, aparecieron restos de navíos y vigas del muelle. Por el lado del mar, dos edificios forman desde la plaza la entrada al puerto: la estación terminal de ferrocarril y la aduana. Desde el **Muelle Prat** salen barcos de paseos turísticos por la bahía. Este es también el mejor sitio para ver, en pleno verano, los fuegos artificiales de Nochevieja. El **puerto** mismo es inaccesible, pero desde el Cerro Artillería puede verse en toda su dimensión.

f. p.

Museo de Lord Cochrane

Calle Merlet 195
32 293 95 58
nvierno: Mar-Dom, 10-18 h
Verano: Mar-Dom, 10-19 h

ASCENSOR CORDILLERA Y MUSEO DE LORD COCHRANE *

Desde la Plaza Sotomayor hacia el norte, en las calles Serrano, Cochrane y Blanco hay innumerables

restaurantes portuarios. A mitad de la calle Serrano, que arranca de la Plaza Sotomayor, subía al cerro el **ascensor Cordillera**, paralelo a la escalera Cienfuegos, llamada por los porteños *"La Escalera de la Muerte"*. El ascensor salva 31,5 m de desnivel y llegaba a la Plazuela Eleuterio Ramírez, de ambiente rural. Cerca está el **Museo de Lord Cochrane.** Ubicado en el solar del antiguo castillo San José, que defendía el puerto de los piratas, es una de las pocas casas coloniales que se conservan en Valparaíso. Fue construida en 1842. Tiene un jardín con un mirador que por sí solo merece la visita.

LAS CALLES PRAT Y ESMERALDA

51B3

Conocida como *"Calle de los Bancos"*, en la angosta calle Prat están el edificio de La Bolsa (1908) y el emblemático edificio Turri (1925), un estrecho chaflán de siete pisos con un reloj que marca la hora en Valparaíso. Enfrente, el ascensor Concepción sube hasta el Cerro Concepción. En la calle Esmeralda, que era la calle de mejor comercio de la ciudad, destaca el edificio de *El Mercurio,* periódico fundado en 1827, y el antiguo hotel Colón.

MUSEO DE HISTORIA NATURAL *

50C2

Instalado en un edificio construido en 1881 para el empresario Carlos Lyon, fundador del diario *La Unión,* expone colecciones en salas dedicadas a diferentes temáticas, tales como las Ciencias Naturales, la Antropología o la Didáctica. En la planta baja, la **Galería Municipal** organiza exposiciones temporales.

Museo de Historia Natural
Condell, 1546
www.mhnv.cl

Galería Municipal
Condell, 1550
Lun-Sab, 10-19 h

VALPARAÍSO

0 100 200 300 m
1
2
A
B
C
D
Ascensor Villaseca
Taqueadero
Paseo 21 de Mayo
Cerro Artillería
Museo Naval y Marítimo
Artillería
Ascensor Artillería
Avenida Altamirano
Zona Portuaria
Fehrman
Muñoz Gamero
Newton
Carampangue
Ex Aduana
Plaza Wheelwright
Ortúzar
Almirante Riveros
Bustamante
Cochrane
Blanco
Av. Errázuriz
Valdivia
Márquez
Pascal
Mercado Puerto
Martín
Muelle Prat
Galería Artesanal
Cayocopil
Pueyrredón
Cerro Sto. Domingo
Pl. Echaurren
Clave
Alte. Goñi
Aduana
Ministro Cajilla
Ig. La Matriz
San
Serrano
Cochrane
Muñoz Hurtado
Estación Puerto
Ascensor Cordillera
Plaza Sotomayor
Clave
Gral. Sucre
Mertet
Avenida Errázuriz
Chorrillos
Sócrates
Comandancia en Jefe de la Armada
Museo Lord Cochrane
Pl. Justicia
Blanco
Cochrane
Gral. Duble
San Francisco
Aduanilla
Michelet
Prat
Billa
Billa
Palacio de Justicia
Ascensor El Peral
Bolsa de Valores
Reloj Turri
Ascensor Concepción
Cánovas
Díaz
Garcés
Palacio Baburizza
Cerro Cordillera
Ascensor S. Agustín
Av. José Tomás Ramos
Casa Mirador de Lukas
Almte. Martínez
Blanquillo
Gálvez
Monte Alegre
Miramar
Urriola
Galvez
Papudo
Concepción
Atkinson
Esmeralda
A. Besa
Marambio
Santa Lucía
San Agustín
Templeman
Ig. Luterana
Pl. Aníbal Pinto
Gob.
O'H.
Balmes
Cerro Alegre
Ctro. Cult. Balmaceda
Ig. Anglicana
Almirante Montt
Cobos
M. Cabrera
Hyatt
Eyzaguirre
Cerro Concepción
Ascensor Reina Victoria
Camino Cintura
S. Enrrique
L. Rosas
Univ. ARCIS
Cementerio Católico
Cerro Miraflores
Salcedo
Miranda
Monte Alegre
Almirante Montt
Cerro Panteón
Cerro Chaparro
Ing.
Dante
Gárgolas
Galos
Capilla
Reyes
Cumming
Harr.
Cementerio de Disident
Peragallo
R. Cuevas
Ig. S. Luis de Gonzaga
Chaparro
Lepomande
Estanque
Elías
Atahualpa
Aquiles Reed
Loncomilla
Tomás Ramos
Cambridge
Avenida
Miraflores
Sol Naciente
Munnich
Cementerio Nº 2
Dinamarca
Meteoro
Cirilo Amstrong
Avenida
Cerro Cárcel
Cárcel
Ex Cárcel
Avenida José
Ollino
Alemania
Chileno
Milton
Avenida Ec
Guillermo
Mackay
Cumming
La Leona
Severino
B. Vera
Meteoro
Avenida Alemania
San Juan de Dios
Placilla
Principal
Newman
Pl. Bismark
D'Annunzio
C. Guzmán
California
Calle 5
Campolicán
Camila
Cerro La Loma

3
4
A
B
C
D
OCÉANO PACÍFICO
Bahía de Valparaíso
Muelle Barón
Terminal de Cruceros
Estación Francia
Facultad de Derecho de la Universidad de Valparaíso
Estación Bellavista
Avenida Errázuriz
Avenida Brasil
Blanco
Edwards
Carrera
Las Heras
Rodríguez
Molina
Pudeto
Av. Brasil
Arco Británico
Biblioteca Santiago Severín
Club Alemán-Palacio Ross
Yungay
Freire
Chacabuco
Av. Francia
San Ignacio
Plaza Bolívar
Plaza Victoria
Ig. Catedral de Valparaíso
Eleuterio Ramírez
Huito
Condell
Avenida Pedro Montt
Victoria
Parque Italia
General Cruz
Independencia
Museo Historia Natural
Correos
Chiloé
Ig. Sagrados Corazones
Aldunate
Pasteur
Ascensor Espíritu Sto.
Guimera
Hector Calvo
Yerbas Buenas
Buenos Aires
Avenida Colón
Museo a Cielo Abierto
Cerro Bellavista
Ramos
Las Monjas
Alte. Latorre
Toribio Medina
Garibaldi
Vallejos
J. César
Sta. Margarita
Ascensor Mariposa
Saavedra
Buffon
J. Baquedano
Valenzuela
Ascensor Florida
Florida
Edén
Morchio
Padre Acosta
Ferrari
Cerro Florida
Salamanca
Soto
Barbosa
Cerro Monjas
Ascensor Monjas
Calle 18
Batán
Los Almendros
Zilleruelo
Tte. Pinto
Bello
Andrés
Gustavo Julián
Plaza Yungay
Gral. Mackenna
3
4

51D3

CONGRESO

Desde la Plaza Victoria, al pie del Cerro Bellavista, la Avenida Pedro Montt va pasando por la Iglesia-Catedral, el Parque Italia, el Teatro Municipal, la Plaza Bernardo O'Higgins hasta llegar a la altura de la estación de buses desde donde podrá admirar la 'herradura' de cristal del **Congreso Nacional.**

El 11 de marzo de 1990 el Congreso Nacional reinició sus actividades después de más de 16 años clausurado, en este edificio. La criticada obra arquitectónica, con 60.000 m^2 el mayor edificio de Chile, es obra de J. Cárdenas, J. Covacevic y R. Farrú. El edificio consta de una "Torre" de 14 pisos de oficinas y una "Placa", de cuatro pisos en la que desarrollan su trabajo la Cámara de Diputados (integrada por 120 miembros, elegidos por votación directa) y el Senado (integrado por 38 miembros, elegidos por voto ciudadano). No se sabe exactamente por qué decidió Pinochet trasladar el Congreso desde Santiago a Valparaíso. Cada cierto tiempo se reabre el debate de volver a trasladar el poder legislativo a la capital.

LOS ASCENSORES Y LOS CERROS ALEGRE Y CONCEPCIÓN (▶28, DIEZ LUGARES INOLVIDABLES)

51D3

ASCENSOR ESPÍRITU SANTO Y CERRO BELLAVISTA *

Desde Plaza Victoria se sube al Cerro Florida por el ascensor Espíritu Santo o por las escaleras del Pasaje Pastor, donde los muros y fachadas de las casas están convertidas en un **Museo a Cielo Abierto** organizado por el pintor Francisco Méndez de la Universidad Católica de Valparaíso. Los 20 murales, obra de los mejores artistas chilenos, fueron realizados entre 1991 y 1992.

f. p.
Calle Ferrari 692, esquina Av. Alemania
32 225 66 06
Ene-feb, 10.30-18.50 h; resto del año, Mar-Dom, 10.10-18 h
www.fundacionneruda.org

Accesos

En taxi media hora cuesta arriba por la calle Héctor Calvo
Desde Viña del Mar:
Bus 612

LA SEBASTIANA ***

En las alturas del Cerro Florida, "La Sebastiana" es una atalaya desde la que se domina el puerto y las callejas de la ciudad. Fue la última casa que se hizo Pablo Neruda. Había sido construida por el español Sebastián Collado, para su familia. Pero murió en 1949 sin acabarla y Neruda convenció a un matrimonio amigo, Marie Martner y Francisco Velasco, para que la compraran a medias. Se inauguró el 18 de septiembre de 1961 con una fiesta memorable. El poeta solía pasar en ella la Nochevieja y contemplar los fuegos artifiales desde la terraza. Allí vio llegar el año 1973. Tras el golpe de estado de Pinochet fue saqueada. Restaurada en 1991, La Sebastiana guarda parte de las colecciones del poeta y cuenta con sala de exposiciones y salón de video. En un edificio anexo hay un centro cultural, un taller literario y uno de fabricación de vidrieras. Tienda, bar y un jardín escalonado con vistas a la ciudad.

UN PASEO A PIE

Recorrido
1 km

Duración
1 hora o 1 hora y media

Principio/fin del trayecto
Desde la Plaza de Sotomayor a la Plaza Aníbal Pinto. Museo Bellas Artes, Casa-Mirador de Lukas

Los ascensores de Valparaíso
Construidos entre 1883 y 1916, los ascensores de Valparaíso son, en realidad, funiculares. Hubo 30 y hoy solo funcionan 7. Transportan pasajeros a diario, de los que la mitad sube y baja en dos: "Polanco" y "Concepción". Cada ascensor tiene su propio horario (la mayoría entre las 7 h y las 21 h) y precios (entre 100 y 250 pesos) www.ascensoresvalparaiso.org

▼ Cerro Concepción.

Por los cerros de Valparaíso

Desde la Plaza Sotomayor, el ascensor "El Peral" sube hasta el Paseo Yugoslavo en Cerro Alegre (Palacio Baburizza, Museo de Bellas Artes).

El paseo acaba en la plaza Joaquín Edwards. Desde allí baja a la calle Prat la Escalera de Apolo (Café La Colombina).

Desde la plaza J. Edwards, subir por la calle Miramar hasta una casa con chaflán en forma de proa; enfrente sale la escalera Bavestrello hasta la calle Álvaro Besa, que desemboca en Urriola.

Si se sigue subiendo por Miramar, se llega a Lautaro Rosas, una de las calles más bonitas del Cerro Alegre. Desde allí se baja por Templeman al Paseo Gervasoni, ya en el Cerro Concepción.

Atravesar la Calle Urriola, entre los dos cerros, y entrar en el Cerro Concepción por el pasaje Gálvez que llega hasta el Paseo Gervasoni (Casa-Mirador de Lukas).

El paseo Gervasoni acaba en la calle Templeman (Café Turri). Subiendo por Templeman hay pasajes escondidos, como Abtao y Pierre Loti, donde está el Conservatorio.

Enfrente está la Iglesia Anglicana, cuyo atrio es la "Plazuela de los 14 Asientos".

Desde el Paseo Atkinson se puede bajar por una escalera, a la calle Esmeralda.

Viña del Mar

Viña del Mar, elegante, llana y segura, es el envés de Valparaíso. En su origen fue una finca de los Jesuitas plantada de viñedos. Al ser expulsada la Compañía de territorio español, en 1767, la compró un comerciante portugués, Francisco Álvares. En 1855 el ingeniero que dirigía las obras del ferrocarril Valparaíso-Santiago, Francisco de Vergara, se casó con la nieta de Álvares y urbanizó las tierras, en las que establecieron sus fincas de veraneo las familias plutócratas santiaguinas y porteñas. Después del terremoto de 1906, Viña fue reconstruida con su actual fisonomía: viviendas tipo chalet y palacetes de caprichosas formas. En 1960 se creó el Festival de la Canción de Viña del Mar y la televisión difundió postales de la ciudad por Iberoamérica.

EL BARRIO DEL BALNEARIO *

En la desembocadura del estero Marga Marga está el Barrio del Balneario. Un **reloj floral,** recuerdo del mundial de fútbol de 1962, marca la hora y la entrada al barrio. Al sur del estero están los palacios que iniciaron la tradición mundana de Viña del Mar: el **Palacio Presidencial,** construido en 1929 en Cerro Castillo, el **Castillo Brunet** *(Iberia 104),* obra del arquitecto Alfredo Azancot, en estilo medieval. El **Castillo Wulff** *(Av. La Marina 37)*, construido en 1880 para Teodoro von Schroeders, el industrial que transformó la playa Miramar en un balneario, y el **Castillo Ross** *(Av. La Marina 50),* (Cruz Montt, 1912), de estilo Tudor, que es actualmente el Club Unión Árabe.

Al norte del estero está el **Casino Municipal** *(Av. San Martín 199),* inaugurado en la Nochevieja de 1930. Delante de él una larga playa que acaba en el **Muelle Vergara** *(Av. San Martín, entre 10 y 12 Norte),* construido en 1910 para la Compañía de Refinería de Azúcar de Viña del Mar (CRAV), actualmente en periodo de restauración, hasta finales de 2016.

Estación de metro de Miramar

Cap Ducal
Av. La Marina 51
32 262 66 55
El edificio del restaurante con su silueta de transatlántico, lo construyó en 1936 el chileno Roberto Dávila, alumno de Le Corbusier. Pura tradición chilena con muy buen marisco
www.capducal.cl

EL CENTRO DE VIÑA DEL MAR

Estación de metro Viña del Mar

MUSEO FONCK *

Expone restos arqueológicos de la Isla de Pascua y una muestra de las culturas de Chile continental, así como documentación de historia natural con ejemplares de la fauna.

El **Palacio Carrasco,** construido por Alfredo Azancot en 1912 para el industrial Emilio Carrasco, fue ayuntamiento entre 1930-1971, hoy Centro Cultural. La escultura de la entrada, *La Defensa,* es obra de Rodin (1885).

Museo Fonck
4 Norte 784
Lun-Sáb, 10-18 h,
Dom, 10-14 h
www.museofonck.cl
32 268 67 53

Palacio Carrasco
Av. Libertad 250
32 226 97 11
Cerrado provisionalmente

Palacio Rioja
Quillota 214
32 218 46 90
Mar-Dom, 10-13.30 h
y de 15-17.30 h

Palacio Rioja. En un palacete inspirado en el Petit Trianon de Versailles (Alfredo Azancot, 1906) y construido para el tabaquero español Fernando Rioja, se exhibe suntuoso mobiliario importado de Europa. En el primer piso está el Conservatorio Municipal de Música.

PALACIO VERGARA **

Errázuriz 563-596
Cerrado provisionalmente

Es el más grande de todos los palacios. En sus jardines Quinta Vergara, abiertos al público, está el nuevo anfiteatro donde se celebra anualmente el Festival de la Canción. Al palacete de la Quinta, de estilo veneciano, no le falta su pequeña historia negra: en 1917, la nieta del fundador de Viña del Mar, Blanca Vergara, de 17 años, se casó con un jugador de bolsa neoyorkino y acabó matándole de un disparo por sus infidelidades conyugales. Hubo un sonado juicio y, gracias las manifestaciones de las sufragistas, logró salvarse de la silla eléctrica.

MUSEO BELLAS ARTES *

32 226 94 31
Cerrado provisionalmente

Entre muebles y objetos decorativos importados de Europa, se expone la pinacoteca familiar de los Vergara, en la que hay buenas copias de barrocos europeos, pintura italiana de los siglos XVI y XVII, retratos familiares y una gran colección de pintura chilena: Pedro Lira, Alberto Valenzuela Puelma... En el museo, uno de los más bonitos de Chile, cuenta tanto la mórbida decoración de la villa como las obras expuestas. En el piso alto del edificio está la Escuela de Bellas Artes.

JARDÍN BOTÁNICO NACIONAL *

Camino El Olivar s/n, Sector El Salto. Desde la estación de Metrotren a El Salto hay unos 3 km, pero el flujo de microbuses es constante
Otoño e invierno, Lun-Vier, 10-18 h; Sáb, Dom y festivos, 10-18.30 h. Primavera-verano): Lun-Vier, 10-18.30 h; Sáb, Dom y festivos, 10-19 h
www.jbn.cl

Es un extenso parque boscoso plantado en 1931 por el salitrero croata Pascual Baburizza. En él hay más de 8.000 especies vegetales, grandes explanadas, paseos entre bosques y parterres y una laguna. Hay senderos que se internan en el bosque y conducen a las zonas de picnic.

▼ Paseo Marítimo de Viña del Mar.

Rancagua

La "Capital del Rodeo" es una próspera ciudad (215.000 habitantes) con pocos atractivos turísticos. Dedicada al comercio y la elaboración de alimentos, está situada en una amplia región agrícola y minera, donde se localiza la mina de cobre El Teniente.

◄ Rancagua es conocida como la "Capital del rodeo".

El centro urbano es la **plaza de los Héroes,** con una estatua ecuestre de O'Higgins entre árboles añosos. Frente a ella, la **catedral,** construida en 1776, arruinada, y vuelta a rehacer en 1838.

Cerca de la plaza está la **iglesia de La Merced,** desde cuya **torre O'Higgins** oteaba el horizonte para ver si llegaban los refuerzos prometidos.

En el **Museo Histórico Regional,** instalado en dos casas coloniales con patio, se documenta la vida colonial.

¿Sabías que...?

Los huasos son los hombres del campo chileno. La palabra viene, probablemente, del nombre que los quechuas daban a los jinetes: "huasu". La vestimenta del huaso, formalizada en los rodeos, es una mezcla de la del mayoral andaluz (sombrero cordobés, llamado "chupalla", chaquetilla corta, faja, y botas de pernera, llamadas "polainas") y elementos autóctonos (manta o poncho, espuelas, lazo). Como despectivo, huaso es sinónimo de pueblerino.

Museo Regional de Rancagua
- Estado 685
- 72 222 15 24
- www.museorancagua.cl
- Sáb-Dom y festivos, 9-13 h
- **Cafetería Reina Victoria**
  - Independencia, 667

Talca

Talca (240.000 habitantes) es una de las ciudades más tranquilas de Chile. Desde sus orígenes fue residencia de los terratenientes de los alrededores.

En Talca, las calles no tienen nombres, sino números. Los principales ejes son las calles 1 y 2 Sur, que limitan el centro, entre la Plaza de Armas y el ferrocarril. A una manzana desde la plaza está el **Museo O'Higginiano y de Bellas Artes de Talca,** en la casa donde vivió tutelado hasta los 10 años, Bernardo O'Higgins, hijo ilegítimo del gobernador de Chile Ambrosio O'Higgins. En la casa se firmó el 2 de febrero de 1818 el Acta de Independencia de Chile, datándola en Concepción el 1 de enero.

Museo O'Higginiano y de Bellas Artes de Talca
- 1 Norte 875
- 71 261 58 84
- www.museodetalca.cl
- Mar-Vier, 10-13 h y 14-18 h
  Sáb, 10-14 h. Dom, 10-14 h
  (en invierno: marz-oct),
  14-18 h (en verano: oct-mar)

LO QUE HAY QUE SABER

Si no tiene mucho tiempo o si desea tener una imagen real del país, he aquí algunas sugerencias:

10 formas de parecer chileno

✓ **Asista a un rodeo,** es lo mejor para conocer a la gente del campo, su forma de vida y su manera de divertirse.

✓ **Tome un pisco sour** de aperitivo y aprenda a preparárselo. Es la bebida nacional. El pisco es tan bueno que incluso en "piscola" está bien, a pesar del nombre.

✓ **Pernocte en una cabaña** en lugar de ir a un hotel. Es más cómodo, más económico y más cercano a la naturaleza.

✓ **Coma un buen plato de marisco chileno,** si es posible, de "locos", un producto exclusivo de las costas chilenas.

✓ **Tómese algo en un "Café con Piernas",** un curioso tipo de local urbano con connotaciones freudianas.

✓ **Pase un fin de semana en un parque natural,** rodeado de montes y naturaleza. Es popular entre los jóvenes de la capital.

⊠ **Admita que el vino chileno es tan bueno como el europeo.** La mayoría de los viñedos son cultivados por vinateros europeos.

✓ **Baile una cueca** en una fiesta de pueblo.

✓ **Pida un "completo" en una "picá",** aunque la mezcla de hot dog, salsa americana, mayonesa y aguacate, sea un ataque contra sus sensores internos.

✓ **Apréndase unos versos** de Pablo Neruda y de Gabriela Mistral. Los chilenos conocen bien su literatura y aman a sus premios Nobel.

✓ **Diga "¿cachai?"** en lugar de "¿comprendes?", lo dice todo el mundo.

10 sitios para comer

✓ **La Joya del Pacífico (M).** Uno entre los múltiples restaurantes del Mercado Central del Mapocho. Muy buen marisco. ✉ San Pablo 943, local 170 ☎ 22 687 90 11. Santiago.

✓ **Astrid y Gastón (C).** Servicio de primera. Cocina peruana. ✉ Antonio Bellet 201, Providencia, ☎ 22 650 91 25.

✓ **Valparaíso Mi Amor (M).** Un clásico en el Cerro Concepción. Buen ambiente y gran variedad en pescado. ✉ Papudo 612 ☎ 32 274 99 92. Valparaíso.

✓ **El Austriaco (C).** Exquisita cocina europea e internacional, especialidades en caza y, de postre, *strudel.* ✉ C/3 Norte 105, ☎ 32 268 36 92. Viña del Mar.

✓ **Maracuyá (C).** Excelente cocina exótica, pescados y mariscos, terraza hacia la playa. ✉ Av. Comandante San Martín 321 ☎ 58 222 76 00. Arica.

✓ **Bakulic (M).** Buen pescado, buena vista al mar y una buena carta de vinos. ✉ Av. del Mar 5700 ☎ 51 224 57 15. La Serena.

✓ **Entrelagos (C).** Café y restaurante de tradición suiza con buenísimos kuchen y confitería; sirven comida a mediodía. ✉ Pedro Rosales 640 ☎ 63 221 83 33. Valdivia.

✓ **Merlín (C).** Restaurante y bistró con unos ostiones asados con betarragas al cilantro, nachos de amapola, merluza en crema de papas con zanahoria aromatizada al cedrón. ✉ Imperial 0605 ☎ 65 223 31 05. Puerto Varas.

✓ **Kuranton (C).** Además de un buen pescado, sirven curanto en olla, la especialidad regional, en un ambien-

► Una pareja de huasos.

te muy cuidado. ✉ Av. Prat 94 ☎ 65 262 72 66. Ancud.

✓ **Puerto Viejo (C).** Fina cocina marinera e italiana en el antiguo muelle. ✉ O'Higgins, 1116 ☎ 61 222 51 03. Punta Arenas.

10 actividades

✓ **Canopy:** hay instalaciones en los centros turísticos de la región de Los Lagos.

✓ **Surfing en el mar:** las olas del Pacífico valen a lo largo de toda la costa norte hasta Lebu, en la región de Biobío.

✓ **Trekking:** los parques nacionales tienen senderos; de norte al sur existen partes del "Sendero de Chile".

✓ **Observe las estrellas** y tenga en cuenta que, para observar el cielo, son mejor los observatorios turísticos que los científicos.

✓ **Bañarse en unas termas:** proliferan a los pies de los volcanes; hay muchas variantes, todas buenas.

✓ **Visitar museos:** los grandes de Santiago, o los pequeños en provincias abren puertas al país.

✓ **Esquiar:** se llega rápidamente desde Santiago, pero también en los volcanes del sur se puede.

✓ **Nadar en un lago:** en el sur hay tanta agua como falta en el norte –los lagos tienen agua todavía sin ninguna contaminación.

✓ **Participar en una romería:** en Andacollo o La Tirana bailan "los chinos" y suenan los tambores. Es todo un espectáculo.

✓ **Equitación:** los huasos son los cowboys chilenos; en el campo hay mucha ocasión de montar y disfrutar del paisaje a lomos de un hermoso caballo.

5 sitios relacionados con Pablo Neruda

✓ **La Chascona,** su casa en el barrio Bellavista de Santiago, (Fernando Márquez de la Plata, 192).

✓ Su casa en **Isla Negra,** en la costa sur de Valparaíso, a 4 km de El Quisco.

✓ **La Sebastiana,** su casa de Valparaíso, en (Calle Ferrari 692).

✓ **Parral,** pueblo en que nació y se precia de ser su cuna.

✓ **Temuco,** donde su padre trabajó como ferroviario y el museo del ferrocarril lleva el nombre del poeta.

10 Parques Nacionales (n° de región)

✓ **Nevado de Tres Cruces (III):** 3.800-4.500 msnm, 59.000 ha, altiplano con volcanes, lagunas y salares; fauna muy rica, incluye tres especies de flamencos.

✓ **Rapa Nui (V):** 0-509 msnm, 7.130 ha, isla volcánica, paisaje espectacular, sitios arqueológicos importantes.

✓ **Laguna del Laja (VIII):** 976-2.979 msnm, 11.600 ha, paisaje volcánico con laguna y ríos, fauna y flora muy diversa.

✓ **Conguillío (IX):** 700-3.125 msnm, 61.000 ha, paisaje espectacular del volcán Llaima, lagunas, importante bosque de araucarias.

✓ **Chiloé (X):** 0-850 msnm, 43.000 ha, cumbres amesetadas, pequeños ríos y

lagunas, bosque nativo siempreverde.

✓ **Puyehue (X):** 250-2.235 msnm, 107.000 ha, paisaje andino de altas precipitaciones; ríos, lagos, bosques variados.

✓ **Laguna San Rafael (XI):** 0-4.058 msnm, 1.742.000 ha, terreno poco accesible de costa, con fiordos alrededor del Campo de hielo Norte, paisaje espectacular.

✓ **Torres del Paine (XII):** 50-3.050 msnm, 181.000 ha, macizo volcánico entre lagos, ríos y cascadas; buena infraestructura.

✓ **Villarrica (XIV):** 600-3.776 msnm, 61.000 ha, bosques de araucaria y lenga, fauna y flora muy rica en los alrededores de los volcanes Rucapillán y Quetrupillán.

✓ **Lauca (XV):** 3.000-4.500 msnm, 138.000 ha, altiplano con volcanes y bofedales, fauna y flora muy específica.

Chillán

Chillán (162.000 habitantes) tiene una historia de ataques e inundaciones. Arrasada por una riada en 1835 fue reconstruida en el actual barrio de Chillán Nuevo, pero los chillanejos se negaron al traslado y la ciudad siguió creciendo en dos núcleos. Tras el terremoto de 1939, fue reconstruida.

Centro Español
Arauco 555
42 232 10 61
www.centroespanol-dechillan.cl

LO QUE HAY QUE VER

En la **Plaza Bernardo O'Higgins** hay una estatua del Padre de la Patria. La **catedral de San Bartolomé** (H. Larraín,1950) tiene un interior iluminado por la luz filtrada entre sus once arcos. En la calle 5 de Abril está la **Feria y Mercado de Chillán.**

MUSEO FRANCISCANO *

Sargento Aldea, 265
Cerrado al público

Los franciscanos tenían una escuela para hijos de caciques y criollos, en la que estudió Bernardo O'Higgins. En el museo se exponen objetos religiosos, muebles, imágenes, aguafuertes del siglo XIX y objetos indígenas.

MUSEO CLAUDIO ARRAU **

Claudio Arrau, 558
(042) 43 33 74
Mart-Vier, 8.30-13.30 h y 15-19 h. Sáb, 10-13 h y 16-19.30 h. Dom, 10-14 h

El moderno edificio, sobre el solar de la casa natal del famoso pianista (1903-1991), tiene una sala de música interactiva, una sala de exposiciones y otra que reproduce dos habitaciones de la casa natal del concertista.

ESCUELA MÉXICO **

Av. O'Higgins 250
Cerrado al público

Tras el terremoto de 1939 el gobierno mexicano regaló a Chillán la Escuela México, decorada por Javier Guerrero *("México a Chile")* y José David Alfaro Siqueiros, cuyos impresionantes murales *("Muerte al invasor" e "Historia de Chile")* llenan la biblioteca de la escuela.

En Chillán Viejo, está el **Parque O'Higgins**, que rodea la casa natal de *El Libertador*. Un mural de piedra, obra de María Martner, narra la vida del prócer.

▼ Mural de la Pinacoteca de Concepción.

Concepción

Concepción (280.000 habitantes), es, después de Santiago, la ciudad más europea de Chile. Está a la orilla sur del río Bio Bio, un cauce enarenado de 2 km de anchura. Con el puerto de Talcahuano (250.000 habitantes) forma una aglomeración industrial donde se procesa y exporta carbón y madera y hay industrias petroquímicas y metalúrgicas.

LO QUE HAY QUE VER

En la **Plaza de la Independencia** proclamó O'Higgins la Independencia de Chile el 1 de enero de 1818. La moderna **Catedral** (Carlos Casanueva, 1950), conserva en un altar lateral una virgen de Martínez Montañés. Los frescos, vidrieras y artesonado son de Alejandro Rubio.

Al lado está el **Museo de Arte Religioso**. En la plaza Acevedo está el **Museo de Historia Natural,** que ilustra la gestación de la ciudad en el entorno del Biobío.

En La Casa del Arte del barrio universitario, la **Pinacoteca** tiene fama de ser la más completa de Chile, pero solo se expone una parte mínima de sus fondos. El hall está decorado por un gran mural del mexicano González Camarena *("Presencia de América Latina",* 1965).

Cerca de la ciudad Universitaria empieza el gran **Parque Ecuador**. En enero se celebra en él una feria de arte popular. Al otro extremo del parque, frente al teatro quemado y en espera de reconstrucción, está la **Galería de la Historia**, con graciosos dioramas que ilustran la historia de la región. El parque se prolonga por el **Cerro Caracol**.

LA PENÍNSULA DE HUALPÉN Y EL MUSEO PEDRO DEL RÍO ***

Pedro del Río Añartu (1840-1918) fue un hacendado de Concepción que viajó por todo el mundo y reunió una dislocada e interesante colección de objetos, compuesta por más de 3.000 piezas: ebanistería oriental, armas, monedas, cachimbas, iconografía religiosa, arte egipcio, platería hindú y mapuche... un entretenido maremágnum complementado por el mobiliario modernista y los objetos personales de Pedro del Río. Desde el jardín, un camino de un par de kilómetros lleva hasta la costa. El parque, de 552 ha, sirve de refugio a numerosas aves que viven en los arenales del río. Hay áreas de picnic y un quiosco. Desde 1976 es Monumento Histórico Nacional.

Restaurante "Cheng Nan"
- Freire 877
- 41 317 52 11
- www.rvegetariano-concepcion.cl

Museo de Arte Religioso
- Caupolicán 441
- 41 225 04 23
- www.ucsc.cl
- Verano: Lun-Vier, 10-13.30 h y 14-18 h; Sáb, 11-13.45 h Invierno: Lun-Vier hasta 19 h Sáb. 11-13.45 h

Pinacoteca
- Pl. Peru s/n
- Mar-Vier, 10-18 h; Sáb, 11-17 h; Dom, 11-14 h
- extensionudec.cl/pinacoteca

Galería de la Historia
- Hospicio 25, Parque Ecuador
- 41 285 37 56
- Lun, 15-18.30 h, Mar-Vier, 10-13.30 h y 15-18.30 h. Sáb-Dom, 10-14 h y 15-19 h
- www.ghconcepcion.cl

Acceso: En vehículo propio
- A 7 km de Concepción, por buena carretera mal señalizada: tomar la autovía "Av. Las Golondrinas" dirección Talcahuano, antes de llegar a esta ciudad, rodear la refinería y seguir el camino hacia Hualpén
- Mar-Dom, 10-17.50 h

TERMAS Y PARQUES DE CHILE CENTRAL

TERMAS DE CHILLÁN ***

Al pie del volcán Chillán (3.212 m), están las **Termas de Chillán.** La carretera sigue el curso de los ríos Chillán, Diguillin y Renegado, con abundantes remansos en los que es posible bañarse. A 25 km, **Pinto,** un centro agrícola y ganadero famoso por sus castañas. A partir de **Recinto** (km 54) empieza la precordillera. Las termas, a 1.800 m de altitud, tienen muy buenas instalaciones (9 piscinas de aguas medicinales a 62 °C y centros de spa) y, en la ladera del monte, la pista de esquí más larga de Sudamérica. Están abiertas todo el año.

82 km desde Chillán por la carretera N 55

Gran Hotel Termas de Chillán
42 243 42 00
www.termaschillan.cl
Alto estándar, programas spa, clases de esquí, excursiones a caballo, etcétera

TERMAS DE CAUQUENES **

La carretera remonta el curso del río Chapapoal con buenas vistas a la cordillera y al frondoso valle. Las Termas de Cauquenes son de las más antiguas de Chile. Personalidades como Darwin, O'Higgins y San Martín se beneficiaron de sus aguas. El paisaje es abrupto y boscoso, con árboles centenarios. Sus aguas, que brotan desde tres manantiales, tienen una temperatura de 48 °C y alivian el reumatismo, la artritis y las afecciones de la piel.

30 km desde Rancagua, tomando la panamericana hacia el Sur y, a los 5 km la carretera H 35, que se desvía en dirección a Coya

Hotel Termas de Cauquenes
942 46 13 51
www.termasde-cauquenes.cl

◄ Termas de Chillán.

RESERVA NACIONAL LOS CIPRESES **

Creada para proteger el ecosistema de la precordillera: bosques de cipreses en los que, con suerte, se pueden ver zorros, gatos salvajes y guanacos y, en las zonas más altas, vizcachas. Entre las aves, loros tricahue, que anidan en los barrancos del río Cachapoal, cóndores y águilas en las cumbres y, en las lagunas y arroyos, patos correntinos.

En la reserva hay senderos, áreas de cámping y refugios. Se conserva la casa patronal de fines del siglo XIX, en cuyo subsuelo quedan restos de una fundición de cobre de los jesuitas, antiguos propietarios de la finca. El área más pintoresca es el cajón del río Los Cipreses, afluente del Cachapoal, un valle largo y estrecho rodeado de cumbres de hasta 4.900 m.

30 km desde Rancagua. Desde Coya y desde las Termas de Cauquenes hay sendas pistas (unos 15 km) a la portería de la Reserva.
72 229 75 05
www.conaf.cl
A diario, 8.30-18 h
Alojamiento:
Termas de Cauquenes
Picnic

RESERVA NACIONAL ALTOS DEL LIRCAY **

En la R. N. Altos del Lircay hay lugares de gran belleza paisajística, como los ríos Claro y Lircay, en los que es posible bañarse, o la Quebrada Los Coigües. La mejor época para visitarla es en otoño y primavera. En la reserva no hay carreteras. Los senderos señalizados pasan por bosques y cerros en los que hay zorros y cóndores. El relieve es muy accidentado, oscilando entre 600 y 2.448 m de altitud.

66 km desde Talca por la carretera a San Clemente (km 19), pavimentada hasta el desvío (km 40) de la pista a Vilches, a 8 km de la reserva; www.conaf.cl

Norte Grande

El desierto del Norte Grande fue un territorio olvidado hasta que se descubrió el poder fertilizante del salitre. La Carretera Panamericana atraviesa las enormes quebradas y la llanura pampina, un impresionante paisaje cuya única vegetación son bosques de tamarugos. Las grandes ciudades de la costa (Iquique, Antofagasta...), surgieron como puertos salitreros. En el interior, solo los oasis (Tarapacá, Pica, San Pedro de Atacama...) y el valle del río Loa estuvieron habitados por algunos nativos atacameños. En el altiplano aymara hay tres grandes parques nacionales.

Arica

Desde los 130 m de altura del peñón del Morro (187.000 habitantes) se ve la ciudad extendida en la desembocadura del río San José, el puerto, el centro urbano sombreado de palmeras, y los modernos edificios que bordean el litoral.

Al pie del Morro, están la **Catedral de San Marcos, la Casa de Gobernación** y el **Edificio de la Aduana,** edificios de hierro construidos en los talleres parisinos de Alexandre Gustave Eiffel por encargo del gobierno de Perú, pagados con los ingresos del guano. Fueron montados entre 1871 y 1875 y han resistido dos grandes terremotos. Al norte de la plaza está la Estación del Ferrocarril Boliviano, actualmente solo para transporte de mercancías.

El Morro de Arica es la última estribación de la Cordillera de la Costa. En la cumbre hay un **Museo Histórico y de Armas** que documenta la Guerra del Pacífico y la conquista del Morro (1880).

El río San José, seco gran parte del año, puede convertirse en una peligrosa riada cuando las lluvias del altiplano causan el llamado "invierno boliviano". Riega el ancho valle de Azapa. Desde el centro de Arica, saliendo por la avenida se pasa por el **Poblado artesanal**, en el que tienen sus talleres una veintena de talleres de buenos artesanos y hay una réplica de la iglesia de Parinacota.

El **Museo de San Miguel de Azapa** fue construido en los terrenos de un antiguo molino de aceite, conserva restos arqueológicos de la Cultura Chinchorro y de la almazara que había en el lugar.

Restaurante Los Aleros de 21
- 21 de Mayo 736
- 58 225 46 41

Museo Histórico y de Armas
- 8-20 h

Poblado artesanal
- Hualles, 2825
- 58 222 12 90
- Verano: 9.30-13.30 h y 15.30-19.30 h. Invierno: Mar-Dom, 10-13 h y 16-18.30 h

Restaurante El Tambo
- Poblado Artesanal
- 58 224 17 57

Museo de San Miguel de Azapa
- A 12 km del centro de Arica
- 10-18 h; verano, 9-20 h
- Hay colectivos que salen de la Calle Patricio Lynch esquina a Chacabuco

La Picá del Muertito
- San Miguel de Azapa, km 13
- 58 226 41 89

▼ Vista general de la ciudad de Arica.

EXCURSIÓN EN COCHE

Parques Nacionales del Altiplano

▲ Cactus candelabro.

Recorrido
700 km.

Duración
4 días mínimo.

Principio/Fin de Trayecto
Arica-Iquique.
Desde Arica a la frontera boliviana hay buena carretera.
Desde Putre a Colchane hay 275 km por camino difícil.

Comida y Alojamiento
En Putre (km 149), Colchane (km 438) y Huara (km 618).

Precauciones
Vehículo todo terreno
Provisión de combustible, agua y alimentos.
Es conveniente tomarse un día (mínimo) para aclimatarse a la altura y vencer el soroche.

▶ Arbusto típico en el Parque Nacional Lauca.

Saliendo de Arica por la Costanera Norte, en el km 9 se desvía la carretera a Bolivia (Ruta 11), adentrándose en el valle del Lluta.

En **Poconchile** (480 m de altura), junto a la carretera, está la **iglesia de San Jerónimo** (1605). Entre los 2.000 y 3.000 m de altitud crecen cactus candelabro y cardones, de cuyos troncos se sacan tablones para puertas y techumbres.

Entre los kilómetros 100 y 106 están las ruinas incas de la **Pucara** (fortaleza) **de Copaquilla** (siglo XII), al borde de un cañón de 150 m de profundidad y el Tambo de Zapahuira, una de las posadas que jalonaban el Camino Real Inca.

Km 120. Desvío de 5 km por buena pista a **Socoroma** (130 habitantes, 3.060 m), una antigua aldea inca cuya **iglesia de San Francisco** (1560), dañada por el terremoto de 2005, merece una visita.

Km 144. Desvío de 5 km a **Putre** (2.000 habitantes, 3.650 m) la capital del altiplano, fundada hacia 1580. Putre tiene buena infraestructura turística.

En el km 146, se desvía una pista de 3 kilómetros a las sencillas **Termas de Jurasi.** Desde el km 154, la carretera atraviesa el P. N. Lauca (▶20).

En el km 156, se desvía a la derecha la pista hacia Colchane. En **Colchane** (3.730 m, 438 km desde Arica), los sábados alternos hay una feria fronteriza entre las aduanas de Chile y Bolivia.

Desde allí se accede Al **P.N. Volcán Isluga** (5.218 m). Desde Colchane hay 180 km hasta Huara, por una carretera muy dañada por el terremoto de 2005, que pasa por Tarapacá y el cerro Unita (a 10 km de Huara), solitario en la llanura y con un gran petroglifo que representa a un personaje sagrado.

Iquique

Arrinconada entre el Cerro Dragón, una gran duna de 800 m de altura, y el mar, la metrópoli del nitrato (256.000 habitantes), sin mucha vegetación, es un desafío para el sentido común.

El centro de la ciudad es la Plaza Prat, en la que están el Teatro Municipal y el Centro Español, un abigarrado restaurante de estilo neomudéjar. Desde la Plaza Prat arranca la **Calle Baquedano,** con un recto trazado de 2 km, flanqueada de casas "georgianas" y con aceras de madera. En ella tenían sus residencias los principales industriales del salitre. Actualmente es Monumento Nacional. Siguiendo desde la Plaza Prat hacia el norte se llega al **Mercado** y a la **Escuela de Santa María de Iquique,** donde, el 21 de diciembre de 1907, tuvo lugar la matanza de mineros que pedían mejoras salariales, cantada en la famosa *Cantata* del grupo Quilapayún. Detrás de la Plaza Prat quedan las instalaciones portuarias.

El **Museo Regional** está en la planta baja del edificio de los juzgados, expone una colección etnológica y una documentación de la administración de las oficinas salitreras.

El **Palacio Astoreca,** la actual Casa de la Cultura, fue construido en 1904 como vivienda del industrial Higinio Astoreca. Tiene 27 habitaciones decoradas con mobiliario de la época.

En el **Museo Militar Tarapacá** se expone una detallada documentación de la Guerra del Pacífico y sus incidencias en Iquique.

El **Museo Naval** está instalado en el edificio de la antigua Aduana, con documentación de la batalla de Iquique. El edificio es de 1871, obra de los talleres Eiffel de París (1871). Fue aduana hasta 1977.

Frente a la antigua Aduana, está el **Muelle de pasajeros Arturo Prat** de 1901. Un paseo-balcón de madera, cuya atracción son los lobos marinos.

En 1975 se creó la **Zona Franca** (ZOFRI) para impulsar el desarrollo de la Primera Región.

▼ Opera House. Bajo estas líneas, interior del Casino Español.

Casino Español
Pl. Prat 584
57 276 06 30
www.casinoespanoliquique.cl
Decoración tipo Alhambra

Museo Regional
Baquedano, 951
57 254 47 10
Mar-Dom, 9-17.30 h

Palacio Astoreca
Baquedano/O'Higgins
Todo el año. Lun-Vier, 10-13 h y 16-19 h; Sáb, 11-14 h
www.unap.cl

Museo Militar Tarapacá
Baquedano, 1396
57 241 28 91
Mar-Vier, 9.30-13 h y 15.30-19 h. Sáb, 10-13 h

El Viejo Clipper
Baquedano 1393
57 221 34 23
En una antigua casa de madera, con curiosa decoración interior, un local de cocina selecta

Museo Naval
Edificio de la Aduana, Esmeralda esquina Aníbal Pinto
Mar-Vier, 10-13 h y 16-19 h; Sáb y Dom, 10-13 h

IQUIQUE

1
2
A
B
C
D
Muelle Iquique
Puerto de Iquique
Muelle Fiscal
Museo de la Corbeta Esmeralda
Terminal
Prat Chacón
La Puntilla
Estación
Santiago
Cerro La
Parque Patricio Lynch
Parque Centenario
Av. Arturo
Estación Ferrocarril
Amunátegui
Aduana
Correos
Vivar
Museo Naval
Barros Arana
Municipalidad
Tarapacá
Pl. Arturo Prat
Teatro Municipal
El Morro
Avda. Arturo Prat Chacón
Covadonga
Lagos
Aníbal Pinto
Museo Regional
Mercado Centenario
Zegers
Baquedano
Palacio Astoreca
Playa Bellavista
Intendencia
Patricio Lynch
Eleuterio Ramírez
Riquelme
Museo Histórico Militar Tarapacá
Av. Arturo Prat Cha
Piscina
O C É A N O P A C Í F I C O
Mar Chileno
Playa El Saladero
Club Náutico
Península Cavancha

3
4
A
B
C
D
Zofri (Autos)
Of. Mapocho
Avenida Salitrera Victoria
Av. Alejandría
Santa Marta
Av. Barranquilla
Barcelona
Oruro
Shannon
La Montaña
Moisés González
San Rosendo
Iquique
12 de Febrero
P. Pardo
Hospital Regional
1 Oriente
Thompson
Sgto. Aldea
Latorre
Cementerio
12 de Febrero
21 de Mayo
Av. Héroes de la Concepción
Luis Cruz Martínez
Avenida
O'Higgins
Bulnes
O. Bonilla
Doce de Febrero
Orella
Septiembre
Chacabuco
Avenida Soldado Pedro Prado
Circunvalación
Av. Campos de Deportes
Arturo Pérez Canto
Genaro Gallo
Avenida Progreso
Pje.1
Pje.3
Urrutia
M. Carrera
Tomas Bonilla
Hernán Fuenzalida
Lincoyán
Genaro Gallo
Buganbilias
Cabo Cardenio Hernández
Cabo Pablo Silva Pizarro
Av. Diego Portales
La Tirana
Las Carpas
Av. Cerro Dragón
Las Tarkas
Los Pinquillos
Los Morenos
Av. Gómez C.
Carrera Pinto
Ignacio
Los Pensamientos
Los Gladiolos
Los Clarines
Las Achiras
Las Azucenas
Los Lirios
Las Buganvillas
Av. Aeropuerto
Parque Temático Yacares
Casino Dreams Iquique
D.O.S
Autopista Humberstone
El Tamarugal
Av. Tadeo Haenke
Maule
Parral
Salitrera Virginia
San Jorge
Av. Rancagua
Estadio
Los Jacintos
Las Rosas
Los Alelíes
Av. de la Concordia
Av. Tadeo Haenke
P. Brava
Av. Héroes de la Concepción
Museo Mineralógico
Av. Playa Brava
Av. Arturo Prat Chacón
M. Castro Ramos
Av. Santiago Blanco
Av. Cerro Dragón
Av. La Tirana
El Carmelo
Valle Central
Playa Brava

EXCURSIÓN EN COCHE

De Iquique al oasis de Pica

► Oficina salitrera de Humberstone.

Remontando la duna El Dragón por el campo de parapente y dejando atrás la barriada Alto Hospicio, la carretera pasa entre las antiguas **oficinas salitreras de Humberstone** y **Santa Laura**.

Eran poblados construidos para los mineros del salitre. Estaban junto a un yacimiento y su importancia se mide por el tamaño de la torta de ripio ("desechos") que hay junto a ellos.

Actualmente son ciudades fantasma, con huellas de aquella dura vida. Estas dos salitreras, cerradas en 1960 y declaradas Patrimonio de la Humanidad en 2005, son oficinas-modelo, construidas en 1930, cuando ya el salitre estaba en recesión.

La ruta sigue por la Panamericana hacia el sur y tras cruzar **Pozo Almonte,** a 8 km se toma el desvío a Pica.

La Tirana (800 habitantes), el santuario más famoso de Chile, es similar a El Rocío. Celebra su fiesta mayor (230.000 peregrinos) del 12 al 17 de julio. Junto a la iglesia hay un museo religioso y, enfrente, un museo privado.

A la entrada del oasis de Pica, el pueblo de **Matilla** fue fundado por terratenientes vinateros de la cercana quebrada de Quisma. Desde 1912, el agua de esta quebrada abastece a Iquique, lo que ha secado muchas tierras.

La iglesia de San Antonio, hecha de adobes de boro, fue destruida por el seísmo de 2005. Al lado hay un lagar de 1700.

Pica (6.000 habitantes) fue la mayor población española del desierto. Hacia 1850, con el auge salitrero, surtía de fruta y verdura a los mineros. Para aprovechar el agua, los españoles construyeron túneles, llamados "socavones", que captan las aguas freáticas llevándolas a estanques. Dos de estos socavones vierten sus aguas en la Cocha Resbaladero, habilitada como piscina.

El Museo de Pica, en el ayuntamiento, expone restos arqueológicos. El famoso limón de Pica, aporta un toque insustituible al "pisco sour".

Recorrido
115 km por buena carretera

Duración
1 día

Principio/Fin de Trayecto
Iquique/Pica

Comida
Pica

Humberstone y **Santa Laura**
✉ Ctra. de Iquique, km 45
🕘 Lun-Dom, 9-18 h
En ellas se desarrolló un estilo de vida recogido en las crónicas literarias de Hernán Rivera Letelier (Talca, 1950) y Andrés Sabella (Antofagasta, 1912-1989); un poeta cuyo *"Norte Grande"* es el texto épico de la pampa

▼ Representación de las fiestas de La Tirana.

Antofagasta

Antofagasta, en el Trópico de Capricornio, significa en quechua "pueblo del salar grande", no porque esté en un salar, sino porque el dictador de Bolivia, Melgarejo, tenía una finca en Antofagasta de la Sierra (actual Argentina) y dio el nombre de Antofagasta del Mar al nuevo puerto, construido en 1871.

Actualmente Antofagasta (400.000 habitantes) es la mayor urbe del desierto y la quinta del país. Sin grandes atractivos turísticos, es una ciudad tranquila que se despierta los fines de semana.

Tiene una costanera de casi 20 km de longitud. El centro, relativamente pequeño, son las calles comerciales en torno a la plaza de Colón. Entre la plaza de Colón y el puerto antiguo, está el pequeño **Barrio Histórico.** La **Estación de Bolivia** (Calle Bolívar esquina Balmaceda), terminal del FCAB (ferrocarril Antofagasta-Bolivia), está cerrada al público. En la explanada delantera hay un monumento (Luis Alfaro, 2000) dedicado al *Longino,* el tren Longitudinal Norte que tardaba cuatro días en hacer el trayecto La Calera-Iquique, transportando obreros a las salitreras. El Longino tiene su monumento literario en la novela de Rivera Letelier *Los trenes se van al purgatorio*, que es el título de la escultura. En los montes del fondo se ve el **Cerro del Ancla**, con un ancla pintada en la cima por un minero de apellido Clavería, para guiar a los barcos. En el edificio de la **Ex-Aduana,** prefabricado en Valparaíso en 1868, está el **Museo Regional**.

16 km al norte de Antofagasta, en los abruptos acantilados, hay un arco formado por rocas erosionadas: la **Portada del Mar,** emblema de la ciudad. En los alrededores hay una playa de fina arena, pero de acceso peligroso, zonas de picnic y un restaurante.

▲ Plaza de Colón en Antofagasta.

Museo Regional
- Edificio Ex-Aduana (Balmaceda 2786)
- 55 222 70 16
- Mar-Vier, 9-17 h; Sáb, Dom y festivos, 11-14 h. Lun cerrado
- www.museodeantofagasta.cl

La Portada del Mar

La Portada
- Camino Juan López s/n
- 55 222 64 23

◀ Barcos de pesca en el puerto de Antofagasta.

55 232 27 86
Lun-Vier, excepto festivos, 14-15 h
Chuquicamata está a 15 km de Calama. Para llegar allí lo mejor es tomar un taxi colectivo
55 232 21 22. Con reserva aunque puede intentarse de manera espontánea; visitas@codelco.cl
Lun-Vier, a las 13 h, visitas guiadas desde la librería Chilex (plaza mayor de Chuquicamata). Duran una hora
Se exige pasaporte y se recomienda ropa que cubra las extremidades y buen calzado. Se permite usar cámaras

Bavaria
Sotomayor 2095
55 234 14 96. Cadena muy correcta de comida rápida; cafés, *apfelstrudel* alemán y sándwiches

Calama

Calama es la ciudad donde residen los mineros de Chuquicamata. No tiene atractivos turísticos pero cuenta con buena infraestructura para emprender excursiones por el desierto de Atacama.

Minas de cobre de Chuquicamata ("Chuqui"). El mineral se explota en este lugar desde que los indios Chucos descubrieron las propiedades del cobre. De ellos proviene el nombre Chuquicamata, que significa "límite del país de los Chucos". El tajo abierto de Chuquicamata tiene 4,5 km de largo por 3,5 km de ancho y 1 km de profundidad.

San Pedro de Atacama

El oasis de San Pedro de Atacama (5.000 habitantes, 2.438 m de altitud), en el extremo norte del mayor salar del país, está rodeado de más de veinte volcanes, entre los que sobresale el cercano Licancábur (5.916 m), y de rincones de la Cordillera de la Sal, como el Valle de la Luna y el Valle de la Muerte, donde la belleza del desierto despliega todo su esplendor.

San Pedro es un pueblo formado por doce calles de tapiales de adobe, que encierran en su interior grandes corrales con huertos y jardines; hacia el exterior se pueden encontrar alojamientos, restaurantes, tiendas de artesanía y agencias de viajes forman un laberinto en el que puede perderse la orientación.

En la plaza está la **iglesia**, construida en 1744. Junto a ella, un macizo campanario escalonado construido en 1890. En el interior se puede admirar la techumbre de troncos de cactus atados con cordeles de cuero.

Museo Arqueológico Gustavo Le Paige
Lun-Vier 9-18 h; Sa-Do 10-18 h
www.sanpedroatacama.com/museo.htm

El edificio que albergaba el Museo Arqueológico Gustavo Le Paige ha sido demolido y actualmente se está construyendo otro nuevo, en el mismo terreno. Es de suponer que el nuevo espacio albergará las miles de piezas que documentan las formas de vida de los indios atacameños y el impacto de la colonización española en su cultura: tejidos, utensilios, juguetes y joyas.

La **Pucará de Quitor,** a 3 km del centro, es una fortaleza del siglo XII que ocupa una colina aterrazada. Era el último baluarte inca del desierto y fue sangrientamente conquistado por Francisco de Aguirre en 1540.

Ayllu de Tulor. Los "ayllu" eran aldeas incas. Tulor es el asentamiento más antiguo del Desierto de Atacama, conservado porque quedó enterrado en la arena. Fue descubierto por Le Paige en 1958 Una pasarela peatonal marca el itinerario por el campo arqueológico.

▲ Pucará de Quitor.

VALLES DE LA CORDILLERA DE LA SAL ***

La Cordillera de la Sal limita el salar de Atacama por el oeste y reluce en la lejanía como si fuera nieve. Unos 17 km antes de llegar a San Pedro desde Calama, a la derecha, se abre el **Valle de la Luna.** A ambas entradas del valle hay oficinas de información. Se puede atravesar en coche (unos 5 km en total). A la entrada del pueblo, a la izquierda de la carretera está el Valle de la Muerte, una estrecha garganta flanqueada de curiosas formaciones rocosas de profundo color rojo. Se puede entrar en coche unos 2 km, pero hay que regresar por el mismo itinerario.

◀ Pequeña iglesia en Machuca, en el desierto de Atacama.

PUEBLOS DEL SALAR DE ATACAMA **

Se sale de San Pedro por la carretera 23, que bordea el Salar de Atacama, el cual, con 100 x 50 km, es el mayor de Chile. A los 38 km, tras pasar por una plantación de tamarugos, se llega a **Toconao** (500 habitantes). En el centro del pueblo está la **iglesia colonial,** construida en 1744. El campanario, de la misma época, fue construido con piedras de liparita, una roca volcánica blanda con la que los habitantes de Toconao hacen artesanía. A unos 3 km del pueblo está la **Quebrada de Jere,** un cañon de huertos y árboles frutales.

A la salida de Toconao hacia Peine hay un desvío señalizado a la derecha, que se interna en la **Nacional de Flamencos del Salar.** En la **Laguna Chaxa,** a 25 km se refugian varias especies de flamencos.

La carretera 23, asfaltada, recorre desde Atacama el borde norte del salar. A 38 km está Toconao y a 90 km, Socaire. Desde Toconao se puede hacer un desvío a la reserva de flamencos y seguir hasta Peine, 59 km por pista sin asfaltar

El Pozo 3

A 3 km al este de San Pedro, a la derecha de la carretera 23, se divisa una arboleda en medio del desierto. Es el llamado "Pozo 3", con buena piscina en medio del desierto (manantial a 23 °C) y camping. Abierto todo el año.

EXCURSIÓN A LOS GÉISERES DE EL TATIO Y LOS PUEBLOS DEL LOA (▶21)

Norte Chico

Desde Copiapó hacia el sur, el desierto se convierte en estepa. En las fértiles vegas se producen las mejores papayas y el orujo nacional chileno, el pisco. En los montes el cielo es tan claro y la atmósfera tan seca que sociedades científicas de todo el mundo han instalado ahí sus observatorios astronómicos. El agua de la costa es fría, pero hay excelentes playas en los centros de veraneo Copiapó-Caldera y La Serena-Coquimbo. El valle del río Elqui, cantado por la poetisa Gabriela Mistral es toda una gran atracción turística.

La Serena y Coquimbo

La Serena y su puerto, Coquimbo, reúnen más de 400.000 habitantes. Su historia está jalonada de terremotos y ataques piratas. Entre 1948 y 1952, el presidente González Videla, mediante el Plan Serena, urbanizó la ciudad en estilo colonial-californiano.

La Serena tiene espléndidos edificios y 29 iglesias. Son de destacar las más antiguas: San Francisco, en estilo barroco arequipeño y Santo Domingo, cuya torre (1950) tiene en cada nivel un estilo diferente.

En la Plaza de Armas están **La Catedral** (1844), con un pequeño **Museo de Arte Religioso** y la **Casa-Museo de González Videla,** con objetos históricos regionales y enseres personales del presidente. En el **Museo Arqueológico** se expone alfarería molle y diaguita y un moai de la isla de Pascua. El **Mercado de la Recova,** al final de la calle Prat, es un centro comercial-turístico con productos típicos y buenos restaurantes. El **Parque Japonés Kokoro No Niwa (Jardín del Corazón;** *visita, verano, de martes a domingo, de 10 a 13 h y de 14 a 20 h; invierno, de martes a domingo, de 10 h a 13 h y de 14 h a 18 h)* fue diseñado por Akira Ohira en el 450 aniversario de la ciudad (1994). La playa entre La Serena y Coquimbo tiene 8 km de fina arena bordeados de hoteles y restaurantes.

Coquimbo. Entre el mar y el cerro El Vígia, es una pequeña Valparaíso. Preside la ciudad la **Cruz del Tercer Milenio** (93 m), desde cuyos brazos hay una imponente panorámica. En otra loma cercana se eleva una curiosa mezquita, financiada por el rey de Marruecos, que imita las formas de la Kutubia de Marrakech.

Junto al puerto está el **Barrio Inglés,** célula inicial de la ciudad, fundado por industriales ingleses y franceses a principios del siglo XX. Actualmente es un barrio nocturno de gran calidad estética. En la plaza Vicuña Mackenna, hay esculturas de temática londinense, obra de Hernan Puelma. En la **Casa de la Cultura** se programan exposiciones.

EXCURSIÓN A LA RESERVA NACIONAL PINGÜINO DE HUMBOLDT ***

La reserva es un pequeño paraíso natural formado por tres islas, Chañaral (507 ha), Choros (292 ha) y Damas (60 ha), única en la que se puede desembarcar. Su atractivo principal es la colonia de pingüinos Humboldt, únicos del mundo que anidan entre cactus, pero también hay lobos marinos, chungungos o nutrias y especies de pelícanos.

La Serena

Museo Sala de Arte Religioso

- Los Carrera 450
- Mar-Sáb, 10-13 h y 16-20 h; Dom, 10-13 h

Museo Histórico Gabriel González Videla

- Matta 495, esquina Cordovez frente a la Plaza de Armas
- 51 221 71 89
- Lun-Vier, 10-18 h; Sáb, 10-13 h y Dom y festivos, cerrado
- www.museohistoricolaserena.cl

Museo Arqueológico

- 2B2
- Gregorio Cordovez esquina Cienfuegos s/n
- 51 222 42 92
- Mar-Vier, 9.30-17.50, Sáb, 10-13 h y 16-19 h, Dom y festivos, 10-13 h

Coquimbo

Cruz del Tercer Milenio

- 51 232 79 35
- Invierno: 9.30-18.30 h. Verano: 8.30-21.30 h
- www.cruzdeltercermilenio.cl

Casa de la Cultura

- Av. Costanera 715 esquina Freire
- 51 231 32 04
- 8.30-23.30 h
- **Don Tito**
  - Melgarejo 1189
  - 51 231 30 21

▼ Flamencos en una Reserva Natural.

Museo Entomológico y de Historia Natural
✉ Chacabuco 334
☎ 993 23 71 77
🕘 Ene-mar, Lu-Do,10.30-20 h; abr-dic, Lun-Dom, 10.30-13.30 h y 15.30-20 h

Casa Museo Solar de Madariaga
✉ Gabriela Mistral 683
☎ 51 241 12 20
🖱 www.solardelosmadariaga.cl
🕘 Dic-mar, Mier-Lun, 11-18 h; abr-nov, Mier-Lun, 11 a 14 h y 15-18 h

Museo Gabriela Mistral
✉ Gabriela Mistral 759
☎ 51 241 12 23
🖱 www.mgmistral.cl
🕘 Ene-feb, Lun-Vier, 10-19 h, Sáb, 10.30-19 h Dom, 10-18 h, Mar-dic, Lun-Vier, 10-17.45 h, Sáb, 10.30-18 h, Dom, 10-13 h

Centro Turístico Planta Capel
✉ Camino a Peralillo s/n
☎ 51 255 43 00
🖱 www.cooperativacapel.cl
🕘 Lun-Dom, 10-18 h;

Solar Villaseca
✉ Calle Chiloé 164,
☎ 51 198 21 84. Primer restaurante con energía solar de Chile; curioso y bonito

Club Social
✉ Gabriela Mistral 445, Vicuña
☎ 51 241 18 53
Gran patio ajardinado

Montegrande
Casa-Escuela Gabriela Mistral
🕘 Mar-Dom, 10-13 h y 15-18 h

Lagar de los Artesanos del Cochiguaz
🕘 10-12.30 h y 14.30-18 h

Los Misterios de Elqui
✉ Arturo Prat, s/n Pisco Elqui
☎ 51 245 11 26
🖱 www.misteriosdelelqui.cl
En una casa antigua, cocina tradicional refinada: cordero a la menta con cinco tipos de porotos

El Valle del Elqui

El río Elqui, que desemboca en La Serena, forma desde la cordillera un fértil valle rodeado de montes desérticos. La belleza del paisaje, la suavidad del clima, la abundancia de agua, el pisco, los observatorios astronómicos y los centros de meditación son sus grandes atractivos turísticos. Gabriela Mistral es la insigne cantora del valle: "El Valle de Elqui tiene perfectas las cosas que los hombres pueden pedir a una tierra para vivir en ella: la luz, el agua, el vino, los frutos... Lengua que ha probado el jugo de su durazno y boca que ha mordido su higo morado, no será sorprendida en otra por mejor dulzura".

VICUÑA **

Capital del Valle del Elqui (24.000 habitantes), lleva el nombre de Joaquín Vicuña, el intendente que la fundó en 1821. En la plaza está la **iglesia de la Inmaculada** (1909) y, al lado, la **Torre Bauer**, construida por un alcalde, Adolfo Bauer (1905), en recuerdo de otra que había en Ulm, Alemania, su ciudad natal. En la base de la torre está la oficina de información turística y se puede visitar la **Sala de Cabildo Municipal**. En la parte de atrás del edificio está la oficina de excursiones al Cerro Mamalluca (▶22, Diez Lugares inolvidables).

Museo Entomológico y de Historia Natural. Muestra la colección de insectos, fauna y fósiles reunida a lo largo de 20 años por Guido Castillo.

Casa Museo Solar de los Madariaga. Es una casona de 1875, en la que puede obtenerse una idea del estilo de vida de las familias terratenientes del valle.

Museo Gabriela Mistral. El edificio, obra de Óscar McClure, quiere simbolizar distintos elementos del paisaje chileno. Se exponen muebles, libros, premios,

▶ Vistas al atardecer del fértil Valle del Elqui. Calle de Elqui.

fotografías... Junto al museo hay una reconstrucción de la modesta vivienda en que nació la escritora.

Planta Pisco Capel. Personal experto guía las visitas de media hora por la destilería y el pequeño museo. Al final de la misma, degustación y compra de pisco Capel.

En **Rivadavia,** donde el río Turbio y el río Claro se unen para formar el Elqui, la carretera se bifurca. Siguiendo el curso del río Turbio, se llega a la frontera argentina (167 km).

El **Valle del río Claro** es angosto y está plantado de viñedos que ascienden por las laderas de los montes, protegidos del viento por grandes mallas "atrapanieblas" que recogen la humedad de la camanchaca. Se pasa por Paihuano y Pueblo Hundido, antes de llegar a **Montegrande,** el pueblo donde está enterrada Gabriela Mistral. En la iglesia hizo la primera comunión y en la casa de la escuela y correo vivió con su hermanastra. A la salida del pueblo, sobre un montículo está su mausoleo. Frente al mausoleo hay un **Lagar de los Artesanos del Cochiguaz,** en el que se venden productos de la destilería "Capel".

ANDACOLLO

Una importante mina colonial de oro y cobre y el santuario de la Virgen, uno de los más importantes de Chile, dieron origen a la ciudad (12.000 habitantes).

La **Iglesia Grande** (1893), es un templo de madera con un altar mayor fabricado en los talleres franceses de Gustave Eiffel. En 1998 fue declarada básilica por Juan Pablo II.

En el altar mayor de la **Iglesia Chica** (1789), se venera la Virgen del Rosario de Andacollo, popularmente conocida como "La Chinita": en 1925 se hizo una capilla lateral ("Capilla de hombres") que hoy aloja el **Museo de Ofrendas**.

En Andacollo hay dos fiestas: la **Fiesta Chica,** primer domingo de octubre, reúne a 80.000 personas. La **Fiesta Grande,** 23-27 de diciembre, congrega a más de 250.000 personas, muchas de ellas llegan a pie, por caminos y por la carretera saturada de tráfico.

▲ Procesión de Andacollo.

A 79 km de La Serena, por la ruta 43, en dirección a Ovalle. En el km 26 sale a la izquierda una carretera asfaltada, que, con peligrosas curvas, asciende hasta los 1.100 m de altura de Andacollo. Durante las fiestas, desde La Serena y Coquimbo hay horario continuado de autobuses

Iglesia Grande
Verano: Lun-Vier, 9-20 h
Invierno: Lun-Vier, 9-18 h

Iglesia Chica
Verano: Lun-Dom, 8-21 h,
Invierno: Lun-Dom, 9-19.45 h

Museo de Ofrendas
Verano: Lun-Vier, 10-13 h y 15-19 h, Sáb-Dom, 10-19 h.
Invierno: Lun-Vier, 10-13 h y 15-18 h, Sáb-Dom, 10-18 h

La Rueda
Urmeneta 657
51 243 16 00
Cocina chilena

Araucanía y Los Lagos

Desde el río Bío Bío hasta Tierra del Fuego se extiende la Patagonia chilena. Al norte, bosques, volcanes y lagos configuran los paisajes más verdes de Chile. Hacia el sur, las temperaturas disminuyen y aumentan las lluvias. La carretera Panamericana, convertida en autopista, pasa por los principales centros urbanos: Temuco, Osorno y Puerto Montt. Su mayor atracción turística es el rosario de lagos encadenados a la cordillera, como Villarrica, Panguipulli, Llanquihue y Todos los Santos, rodeados de bosques y al pie de volcanes como Llaima, Villarrica,el Osorno y Calbuco, de cuyas laderas brotan fuentes termales.

Temuco

La capital de La Araucanía es una metrópoli de 300.000 habitantes, con poco más de un siglo de existencia. No tiene edificios arquitectónicos de relieve, pero sí el empuje de una ciudad joven.

La **Plaza de Aníbal Pinto** no tiene edificios administrativos, sino comerciales: el Ayuntamiento está detrás de un bloque de apartamentos y la torre de la catedral, reconstruida después del terremoto de 1960, es probablemente la única del mundo en que comparten espacio campanas y oficinas. El centro de la plaza es un parque con árboles añosos y palmeras chilenas, en torno a un grupo escultórico, *Homenaje a la Araucanía,* de Galvarino Ponce, formado por una *machi* (chamana mapuche), un soldado de la pacificación, un guerrero mapuche, un colono y un conquistador español. En uno de los lados de la plaza hay una sala de exposiciones subterránea.

El **Museo Regional de la Araucanía** conserva más de 3.000 objetos mapuche, tejidos, instrumentos musicales, armas y fotografías. En su interior se prepara un centro artesanal.

El **Museo Ferroviario Pablo Neruda** instalado en la maestranza del ferrocarril, conserva locomotoras y antiguos vagones de tren. El museo está dedicado a Neruda, pues su padre trabajaba en este ferrocarril. Relativamente cerca, junto a la estación recién remozada y con servicio de trenes a Victoria, está la **Feria Libre de Temuco,** con puestos de artesanía y buenas "picadas".

Las mejores vistas de Temuco son las del **cerro Ñielol,** un área protegida de 89 ha de bosque valdiviano. En la parte alta del cerro hay un espacio talado con un árbol en el centro, *La Patagua del Armisticio,* donde se firmó la paz entre el ejército y los jefes mapuche. En la plazoleta, el 24 de junio, los mapuche celebran su ceremonia del año nuevo.

Museo Regional de La Araucanía
- Av. Alemania 084
- 45 274 79 48
- www.museoregional-araucania.cl
- Mar-Vier, 9.30-17.30 h; Sáb, 11-17 h, Dom, 11-14 h
- **Las Tranqueras**
  - Av. Alemania 0888
  - 45 238 50 46. Buenas carnes a la parrilla

Museo Nacional Ferroviario Pablo Neruda
- Av. Barros Arana 0565. Se llega en taxi o en colectivo
- 45 297 39 40
- Abr-sep: Mar-Vier, 9-18 h, Sáb, 10-18 h, Dom, 11-17 h Oct-mar: Mar-Vier, 9-18 h, Sáb-Dom, 10-18 h. Lun y festivos cerrado

Cerro Ñielol
- Acceso por la calle Prat
- Lun-dom (temporada alta y baja), 8.30-18.30 h. Transporte: taxi o colectivo
- **La Cumbre**
  - 45 224 13 36
  - En la cima del cerro. Se puede tomar un buen mote con huesillos mientras se disfruta de la panorámica

◄ Cráter en Volcán Villarica.

▼ Parque Nacional Huerquehue.

▲ El lago y el volcán Villarrica.

Villarrica y su lago

El Lago Villarrica es uno de los principales centros turísticos de Chile. Al sur del lago están las dos ciudades principales, Villarrica y Pucón. En la carretera que las une bordeando la ribera se suceden cabañas, hoteles y campings.

Villarrica (45.000 habitantes), en la orilla suroeste del lago, tiene como telón de fondo el Volcán Villarrica (2.847 m). La avenida Pedro de Valdivia atraviesa la urbe de norte a sur. En el cruce con la calle Alderete, está el centro urbano y la Municipalidad, con la oficina de turismo y un pequeño **Museo Municipal** con objetos de cultura mapuche. Junto al museo hay varias ferias artesanales y, durante la temporada de verano, muchos puestos de artesanía en la calle, al pie de una escultura, *"Raíces"*, obra de Joel López tallada en un gran tronco de coigüe.

A la entrada de la población, junto al río Toltén, están las ruinas de la antigua ciudadela española. Si se baja a la costanera por la calle Antonio Matta, se llega a la sede de la Universidad, frente a la cual está el **Museo Educativo Leandro Penchulef**, nombre del toqui mapuche que parlamentó con el general Urrutia en 1882. Reúne una colección de etnografía e instrumentos musicales mapuche.

La **costanera** y el **embarcadero,** con el lago y el volcán Villarrica al fondo, es la parte más bonita de la ciudad.

A 25 km de Villarrica, en la ribera sureste del lago, **Pucón** es una ciudad de servicios turísticos y punto de partida a las principales termas y pistas de esquí del Parque Nacional Villarrica.

Museo Municipal

- Avenida Pedro de Valdivia 1050
- 45 241 34 45
- Lun-Sáb, 9-13 h y 18-22 h; invierno, Lun-Vier, 9-13 h y 15-19 h

Museo Educativo Leandro Penchulef

- Bernardo O'Higgins 501 Pontificia Universidad Católica de Chile
- Marz-dic: Lun-Vier, 8.30-12.30 h y 14-18 h
- museoleandropenchulef.uc.cl

▲ Vistas al Lago Villarica.

LOS SIETE LAGOS

En la hoya hidrográfica que queda entre los grandes lagos Villarrica y Ranco hay un grupo de siete lagos de formación glaciar que van desaguando unos en otros hasta formar el río San Pedro. Son el Calafquén, el Pellaifa, el Neltume, el Pirihueico, el Panguipulli y el Riñihue. El séptimo, el lago Lácar, está en Argentina. La gran explotación maderera tuvo lugar a partir de 1901. Desde los pueblos ribereños se cargaba la madera en barco hasta la estación de Panguipulli.

Los pueblos que cuentan con mejores servicios son Licán Ray y Coñaripe, en el lago Calafquén; y Panguipulli y Choshuenco, en el lago Panguipulli. Todos tienen buenas playas y acceso a los volcanes Mocho y Choshuenco.

Licán Ray, surgió como punto de suministro para las comunidades mapuche de la zona. Hoy día, el turismo es la única industria de Licán Ray, que cuenta con excelentes playas.

COÑARIPE, CAPITAL TERMAL

Coñaripe ("sendero de guerreros") es un pueblo de una sola calle de 3 km, paralela a la costanera del lago Calafquén. Entre la extensa playa de lava negra y la calle, hay un bosque de coníferas poblado de cabañas turísticas.

LAS TERMAS DEL LAGO CALAFQUÉN

Desde Coñaripe, siguiendo la pista por la orilla del lago Calafquén, se llega en 15 km a las **termas de Coñaripe,** un complejo de "spa" con cuatro piscinas termales a 40 °C, dos de ellas techadas. Cuenta con excelentes servicios hoteleros y helipuerto. Desde estas termas sale un corto camino a las **termas Eco Pellaifa,** más modestas. Si se sigue la carretera hasta el km 49, se llega a las **termas de Río Liñique,** de aguas que manan a 80 °C.

Ruta desde Panguipulli por carreteras pequeñas y caminos de ripio

Licán Ray

Harris Hotel
Av. Manquel 105
45 243 15 53
Una buena terraza para disfrutar del lago y la playa, junto al embarcadero
www.hotelharris.cl

EXCURSIONES

Desde Pucón al lago hay una carretera pavimentada de 23 km

Alojamiento:
Salto del Carileufu
✉ Camino de Pucón a Caburgua, km 18
☏ 09-44 38 494
Lodge en casa tradicional de inmigrantes alemanes

▲ Mujer en el Centro mapuche de Curarrehue.

► Lago Caburgua.

Los Mapuches
Los nativos que habitan desde el Bío Bío hacia el sur se llaman a sí mismos **Mapuche,** que en su idioma significa "gente de la tierra". Los españoles los llamaron "araucanos" (del quechua "awqa", "rebelde"). Ni los incas ni los españoles lograron someterlos.
Viven fundidos con la naturaleza. Su organización social se basa en la familia. Sus casas, **rucas,** están dispersas y camufladas en el paisaje. De los 30 millones de hectáreas que tenían sus dominios, hoy solo les pertenecen 250.000 ha. Expropiadas sus tierras, se vieron obligados a emigrar a las ciudades y actualmente un 45 por ciento de los mapuche es urbano. Los mapuche denuncian la sobreexplotación de sus bosques y la sustitución de árboles nativos por plantaciones de pinos y eucaliptos destinados a la industria y exportación madereras.

AL LAGO CABURGUA Y TERMAS DE PUCÓN

El **lago Caburgua** se formó por el taponamiento causado por erupciones volcánicas. Sus aguas se filtran por la lava y afloran en los Ojos del Caburgua, con una temperatura 8 °C más alta. En el lago hay playas concurridas en verano.

A 11 km de Pucón, sale de la carretera una pista, que va paralela al río Trancura y a la carretera Pucón-Curarrehue; da acceso a las Termas de Menetúe (11 km), del Río Trancura y de San Luis (19 km).

Las **Termas de Menetúe** *(telf. 45 232 48 00, www.menetue.com)*, en un gran parque con dos piscinas al aire libre y otras dos techadas, restaurante y cabañas.

Las **Termas Trancura** *(telf. 045 44 11 89)* tienen varias piscinas al aire libre y techadas, y restaurante.

Las **Termas de San Luis** *(en verano de 9 h a 24 h, el resto del año hasta las 21 h; telf. 45 244 11 89, www.termasdesanluis.cl)*, las más grandes de todas, tienen una piscina al aire libre y otra techada, las dos de un tamaño aceptable para nadar. Cuentan con hotel.

A 14 km de Pucón sale otro desvío de la carretera al Lago Caburgua que en 20 km pasa por las Termas de Quimey-Co, de Huife y Los Pozones.

Las **Termas de Quimey-Co** *(abiertas en enero y febrero de 9 h a 22 h, el resto del año hasta las 19 h; telf. 987 75 21 13, www.termasquimeyco.com)*, en un angosto valle, con tres piscinas, cámping y restaurante.

Las **Termas Huife** *(abiertas de 9 h a 22 h; telf. 45 244 95 70, www.termashuife.com)* son las más conocidas, con hotel y tres piscinas con hidromasaje, y siempre están llenas.

EXCURSIÓN A UNA REDUCCIÓN MAPUCHE

Desde Pucón, la carretera 199 sigue hacia Argentina. A 36 km está el pueblo Curarrehue, con un **Museo Centro Cultural "Trawupeÿum"** *(telf. 45 197 15 74; de 10 h a 14 h y de 15 h a 21 h)* donde se expone documentación sobre el pueblo mapuche. Hay un pequeño restaurante con platos étnicos cocinados a la vista.

Valdivia

Valdivia (160.000 habitantes) está situada en la confluencia de los tres ríos que forman el Valdivia, la gran vía fluvial de 15 km que une la ciudad con el puerto de Corral. Reconstruida tras el terrible terremoto de 1960, Valdivia tiene un centro portuario de magnífica estampa y un entorno natural de parques y playas al alcance de cortas excursiones en barco.

EL CENTRO

La Costanera Prat es un hermoso paseo en el que se suceden los muelles de barcos con salidas a excursiones, la oficina de información turística y el **Mercado Fluvial.**

Hacia la parte contraria, la Costanera se aparta del río y desemboca en la **calle General Lagos,** larga y recta, surcada de casas de colonos alemanes, actualmente convertidas en hoteles. Una de ellas fue convertida por el periódico *El Austral* en **Centro Cultural "El Austral"** que, además de su exposición permanente de mobiliario y objetos decorativos, tiene una sala de exposiciones temporales.

Por el **Puente del Mercado** se atraviesa el río Valdivia a la **isla de la Teja,** donde, entre barrios residenciales y parques, están los principales museos de la ciudad y el Jardín Botánico de la Universidad.

El **Museo Histórico y Antropológico Mauricio Van de Maele,** alojado en la casa de Carlos Anwandter, un farmaceútico sajón que llegó como jefe del primer grupo de colonos alemanes, muestra una colección organizada en tres períodos: mapuche, colonial y colonización alemana. Detrás de la casa están el Colegio Alemán y el cementerio privado de los Anwandter.

Al lado está el moderno edificio del **Museo de Arte Contemporáneo,** en el antiguo solar de la cervecera Anwandter.

En 2006 una casa vecina ha sido convertida en el **Museo Philippi,** para exponer las colecciones de minerales que el naturalista Rudolph Philippi (1808-1904) reunió en sus viajes por Chile.

Al otro extremo de la isla de la Teja, detrás del **Parque Saval**, hay un centro de atracciones que ofrece juegos infantiles, medialuna de rodeo, área de picnic y dos hermosas lagunas. Enfrente está ubicada la Universidad.

El **Jardín Botánico** es un parque boscoso con grandes árboles nativos y surcado de senderos.

▲ Desde la costanera de Valdivia se pueden dar bonitos paseos en barco.

Centro Cultural "El Austral"
- Yungay 733
- 63 221 36 58
- www.cculturalvaldivia.cl
- Mar-Dom, 10-13 h y 16-19 h
- **Restaurante La Calesa**
  - O'Higgins 160
  - 63 222 54 67. Cocina peruana

Museo Histórico y Antropológico Mauricio Van de Maele
- Los Laureles s/n, Isla Teja
- 63 221 28 72
- www.museosaustral.cl
- Invierno: Mar-Dom, 10-13 h y 14-18 h. Verano: Lun-Dom, 10- 20 h

Parque Saval
- Av. Miguel Agüero s/n, Isla Teja
- 63 221 58 06
- Invierno: 8-18 h (invierno), y de 8-20 h (verano)

Jardín Botánico
- Los Laureles s/n, interior Campus Isla Teja
- www.jardinbotanicouach.cl
- En verano 9-19 h; en invierno hasta las 17 h. Estudiantes pueden guiar la visita

EXCURSIONES

Los fuertes españoles de Niebla, Isla Mancera y Corral

Cómo llegar
En barco: Desde la Costanera Prat hay barcos de excursiones con visita guiada a los tres fuertes
En coche: 18 km por buena carretera de Valdivia a Niebla (salida señalizada por Isla Teja y Avenida Los Lingues). Desde Niebla hay barcos cada hora a Isla Mancera y Corral

Cervecería Kunstmann
Número 950 de la T-350
63 229 29 69, www.cerveza-kunstmann.cl
Popular restaurante al estilo alemán

Excursión por el río Cruces al Santuario de la Naturaleza Carlos Anwandter
(6 horas en barco; salida de la costanera, Muelle Schuster). El Santuario es un humedal formado en la catástrofe de 1960, cuando el suelo se hundió y el terreno se inundó por los ríos Cruces y Chorocamallo, creándose un reducto de plantas acuáticas que sirven de refugio a aves como cisnes de cuello negro, taguas, garzas, gaviotines y hualas. Desde julio de 2004, la papelera de San José de la Mariquina, está causando serios problemas al parque

Los tres fuertes del estuario están construidos a distancia de tiro de cañón y aseguraban estratégicamente la entrada a Valdivia. Esta "Llave del mar del Sur", fue tomada por los chilenos, a las órdenes de Lord Cochrane, en 1820.

En el fuerte de Corral tiene lugar diariamente en verano en tres turnos: 16 h, 17.30 y 18.15 h. Es un espectáculo basado en esta histórica hazaña.

Niebla es la playa de Valdivia. Junto al castillo (1761), en un **Museo de Sitio** se documenta la vida colonial y la importancia del puerto.

Desde el balcón donde están alineados los 18 cañones hay una buena panorámica de la ría.

La **Isla de Mancera,** llamada *Guiguacabín* ("silbido del viento") por los indígenas, es un pequeño paraíso que se puede rodear en media hora por una senda de circunvalación.

En el **castillo de San Pedro de Alcántara** se pueden ver aún las ruinas de la iglesia, polvorín, cuerpo de guardia y fosos.

Corral, a la otra orilla del río Valdivia, era el puerto de navíos mayores, desde donde las mercancías se transportaban en lanchones a Valdivia.

En el **Centro de Información Turística y Museológica de Corral** (visitas, de lunes a domingo de 8.30 h a 19 h) se documenta fotográficamente el estado de la bahía antes y después del seísmo de 1960.

El Castillo de San Sebastián, con tres sectores y 21 cañones, era el más poderoso de la bahía.

► Cañón del castillo San Pedro de Alcántara vigilando la bahía.

Osorno

Osorno (160.000 habitantes) es una próspera ciudad ganadera, situada en un feraz paisaje agrícola regado por el río Rahue.

El **Museo y Archivo Histórico** está instalado en una casa que, en 1929, se construyó una familia de origen alemán. En el museo se exponen recuerdos del héroe osornino de la Guerra del Pacífico, Eleuterio Ramírez, vitrinas de animales disecados, cultura mapuche y una documentación de la historia local.

Enfrente del museo, en otra casona del mismo estilo se encuentra el **Museo de Artes Visuales de Osorno, SURAZO**, una exposición de obras contemporáneas de artistas del sur de Chile. El *surazo*, es un fuerte viento del suroeste que suele soplar en el sur de Chile entre los meses de octubre y marzo.

En la antigua estación de ferrocarril está instalado el **Museo Interactivo de Osorno, MIO.** Dispone de salas pedagógicas dedicadas a la física, la astronomía y las ciencias naturales.

Junto al río Rahue están las ruinas del **Fuerte Reina María Luisa.** Construido en 1794 por Ambrosio O'Higgins, lleva el nombre de la esposa de Carlos IV. Tras el terremoto en 1835, lo reconstruyó el arquitecto osornino Carlos Buschmann.

Al otro lado del río, por el Puente de San Pedro, se asienta el **barrio de Rahue.**

Desde su parte alta, se tienen buenas vistas sobre toda la ciudad, inundada de verdor. En la parte baja del monte, está la **Feria Libre de Rahue,** mercado de productos agrícolas. Desde la feria libre, por el Puente de San Pablo, se llega al barrio de la Ovejería, donde está **la feria ganadera,** que es la mayor de Chile y tiene lugar solo por las mañanas.

PUERTO VARAS

Con 33.000 habitantes, es la capital del **Lago Llanquihue** (▶25, Diez Lugares Inolvidables) es un centro de servicios turísticos: calles limpias, tiendas espléndidas y una playa de arena negra con la impresionante imagen del Volcán Osorno (2.652 m) al otro lado del lago. La calle comercial de Santa Rosa está techada, y al lado del muelle hay un gran casino. En la parte alta de la ciudad se conservan algunos edificios de la colonización alemana y la estación, que ha sido transformada en centro cultural. Detrás de las vías sale una pista hasta el **Monte Calvario,** desde el que se puede disfrutar de las vistas de la ciudad.

Museo y Archivo Histórico
- Manuel Antonio Matta 809
- 64 223 86 15
- Invierno: Lun-Jue, 9.30 -17.30 h, Vier, 9.30-16.30 h, Sáb, 14-18 h. Verano: ene-feb: Lun-jue, 9.30-18 h, Vier, 9.30-17 h, Sáb-Dom, 14-19 h

Museo de Artes Visuales de Osorno, SURAZO
- 64 231 32 64
- www.museosurazo.cl
- Mar-Vier, 10.30-13.30 h y 15.30-18.30 h, Sáb, 11-16.30 h

Club Alemán
- O'Higgins 563
- 64 220 05 70. El mejor restaurante de la ciudad
- www.clubalemanosorno.cl

Museo Interactivo, MIO
- Avenida Portales s/n
- 64 221 29 96
- Mar-dic, Lun-Vier, 8.15-13 h y 14.45-18.15 h, Sáb-Dom, 14.30-18.30 h

¿Sabías que...?

Muchos de los barcos que partieron de Sevilla hacia las Indias en el siglo XVI, se perdieron o naufragaron. Cuando los náufragos regresaban, tenían que hacer frente a las deudas de la expedición y daban con sus huesos en la cárcel. Para defenderse, se fueron inventando una ciudad misteriosa, perdida en los Andes, llena de fabulosos tesoros. Hasta finales del siglo XVIII, la legendaria Ciudad de los Césares fue El Dorado de la región austral.

Donde el Gordito
- San Bernardo 560
- 65 223 24 25. En el interior del mercado

P. N. VICENTE PÉREZ ROSALES ***

El parque (2.538 km^2) es una densa masa de árboles con bosques oscuros de petras y canelos, de coihues, tepas y tineos y alerces. En el sotobosque, matorrales (quila) y helechos. Las zonas más transitables son el Volcán Osorno, los Saltos del Petrohué y el Lago Todos los Santos.

El **Petrohué** es una torrentera que se abre paso entre el lago Todos los Santos y Llanquihue, separados por una erupción del Osorno. Desde la pista, senderos con flora etiquetada conducen a los balcones panorámicos de los saltos. Hay tiendas de recuerdos y puestos de helados.

El **Lago Todos los Santos,** considerado el más bonito de Chile, está incrustado en una opaca vegetación que se refleja en sus aguas. Desde el poblado Petrohué salen barcos de paseo. Desde el lago se ven los conos de cuatro volcanes: Osorno, Puntiagudo, Tronador y Cerro Techado.

LAGO PUYEHUE **

A unos 25 km de Osorno, junto a la carretera, está el **Auto Museum Moncopulli,** en pleno bucolismo campestre. El museo fue fundado por un profesor de fotografía de la Universidad de Los Lagos, Bernardo Eggers, para exponer su colección de coches norteamericanos rescatados del desguace. Cuenta con cafetería.

El **lago Puyehue** ("Lugar de Puyas") tiene 15.700 hectáreas de superficie. Rodeado de frondosos bosques, sus alrededores nunca estuvieron poblados. Hacia 1900 empezaron a explotarse los bosques y la madera se almacenaba en Entre Lagos para ser transportada a Osorno en tren. Actualmente la carretera va por la ribera sur del lago. Al final del mismo empieza el camino hasta las termas de Puyehue (a 25 km de Entre Lagos).

Desde la bifurcación de las termas de Puyehue hay 48 km hasta la frontera argentina. La pista pasa por el **Parque Nacional Puyehue,** entre bosques vírgenes y un relieve producido por la actividad volcánica, con abundantes cauces de agua. Cuenta con buenas instalaciones y señalizaciones. Se extiende entre alturas de 250 m y 2.200 m y está cubierto de bosques de hoja perenne. También se ven gigantescas hojas de nalca y animales, como pumas, pudúes, zorros y diversas rapaces. Hay varios senderos que parten de la estación de Aguas Calientes: el sendero *Rápidos de Chanleufú* sigue durante 40 minutos el curso del río Chanleufú con vistas a sus espectaculares rápidos. El *Sendero El Pionero*, llega en 2 km hasta un balcón panorámico desde el que se tiene una vista del lago y del volcán Puyehue.

Auto Museum Moncopulli

- Km 25 de la Ruta Internacional 215, en Puyehue
- 64 221 07 44
- www.moncopulli.cl
- Verano: dic-mar, 10-20 h a diario. Invierno: abr-nov, 10-18 h a diario

En Ensenada sale una pista de 19 km hasta el lago Todos los Santos

En el km 11 está el acceso a los **Saltos del Petrohué**

- Invierno: Lun-Dom, 8.30-18.30 h. Verano: Lun-Dom, 8.30-20 h

▼ Rama de notro o ciruelillo.

TERMAS DE PUYEHUE **

Las termas, explotadas turísticamente desde 1910, tienen buena fama de ser una de las más selectas de Chile.

Cuentan con hotel y un spa termal, que dispone de sauna, tinas de hidromasajes y tres piscinas, una cubierta y dos al aire libre, con aguas minerales a temperaturas entre 33 °C y 37 °C, recomendables para dolores de columna, secuelas de fracturas, osteoporosis e hipertensión.

A 10 km se encuentra la estación termal de **Aguas Calientes,** que cuenta con piscinas, cubierta y al aire libre, campos de deporte y cabañas para pernoctar, en medio de espesos bosques montañosos. En las termas, a la entrada del Parque Nacional Puyehue, hay una oficina de Conaf

Desde la bifurcación de las termas de Puyehue hay 48 km hasta la frontera argentina. La pista pasa por el Parque Nacional Puyehue, entre bosques vírgenes y un relieve producido por la actividad volcánica, con abundantes cauces de agua. Cuenta con buenas instalaciones y señalizaciones. Se extiende entre alturas de 250 m y 2.200 m y está cubierto de bosques de hoja perenne.

La carretera que sale de Osorno hasta Entre Lagos (59 km) es asfaltada y buena

Hotel y Restaurante Termas de Puyehue

Hotel moderno estilo *spa* con termas de estándar internacional

Ruta Internacional 215, km 76

64 233 14 00

www.puyehue.cl

Caro

Refugio del Lago

A 2 km de distancia, en buena casa rústica a la orilla del lago, tranquila, buena comida. El precio incluye la entrada a las termas.

Ruta Internacional 215, km 74

64 223 28 81,

www.puyehue.cl

Medio

◄ Interior de las lujosas termas Puyehue.

Puerto Montt

En una ancha bahía, con el telón de fondo de los volcanes Osorno y Calbuco, Puerto Montt (236.000 habitantes) es, para los turistas que se dirigen a Chiloé o a los lagos, un lugar de paso.

Museo Municipal Juan Pablo II

Av. Diego Portales 991.
Lun-Vier, 9-19 h, Sáb-Dom, 10-18 h.

El alerce

El alerce o lahuén es un ciprés milenario, cuyo tronco alcanza los 50 m de altura. Su madera es muy apreciada para revestimiento de fachadas. A causa de su sobreexplotación es especie protegida.

En el Paseo de la Costanera, una larga explanada recién urbanizada, están los bancos, los museos y las agencias de viaje. En las calles paralelas hay comercios y cafés, con nombres alemanes, que recuerdan la colonización de la ciudad, hace apenas 150 años. Centro comercial y ciudad con mucho tráfico, en las calles de Puerto Montt hay muchos extranjeros, no solo turistas, sino también gente relacionada con la floreciente industria salmonera y marisquera, base de su prosperidad actual. Hacia la mitad de la costanera hay una escultura de 8 m que representa a una pareja sentada cara al mar: tiene el título *"Sentados frente al mar"*, primer verso de una vieja canción de *Los Iracundos, "Puerto Montt"*, que pregonó el nombre de la ciudad por todo el país. A continuación, el **Mu-**

seo Ferroviario, al aire libre y, junto a él, un galpón utilizado como galería de de exposiciones. El **Museo Juan Pablo II,** construido en 1988 con motivo de una visita del Papa, tiene una detallada documentación de la historia de la colonización y la fundación de Puerto Montt. También sobre el hallazgo arqueológico de Monte Verde, un poblado glacial de hace 12.000 años cuyos restos están a 23 km al sur de Puerto Montt, e imaginería de las iglesia chilotas.

En el extremo oeste de la ciudad, el **Puerto de Angelmó** tiene, además de las instalaciones portuarias, un mercado de mariscos y pescados y palafitos con restaurantes para degustar típicos menús: sierra cancato a la brasa, pulmay, curanto y caldillo de marisco. La calle es una gran feria comercial con productos regionales, entre los que destacan las algas que venden en muchas tiendas.

▲ Sentados frente al mar.

I PARQUE NACIONAL ALERCE ANDINO **

El parque ocupa los bosques de alerces, unas 40.000 ha, entre el seno de Reloncaví y la laguna Chapo. En el bosque hay unas cuarenta lagunas. Se pueden ver pudúes, zorros, vizcachas y hasta pumas. Cuenta con una red de senderos, y tres refugios para pernoctar.

Parque Nacional Alerce Andino

Saliendo de Puerto Montt por la carretera Austral, a 9 km, en Coihuin, se desvía una pista que llega en 41 km al lago Chapo, pasando por Correntoso. Desde este pueblo hasta la entrada del parque hay 3 km. En Chaica (32 km) hay otro desvío de 15 km hasta la laguna Chaiquenes, solo para vehículos de doble tracción. A los 7 km está la guardería del parque

◄ Volcán Osorno al fondo.

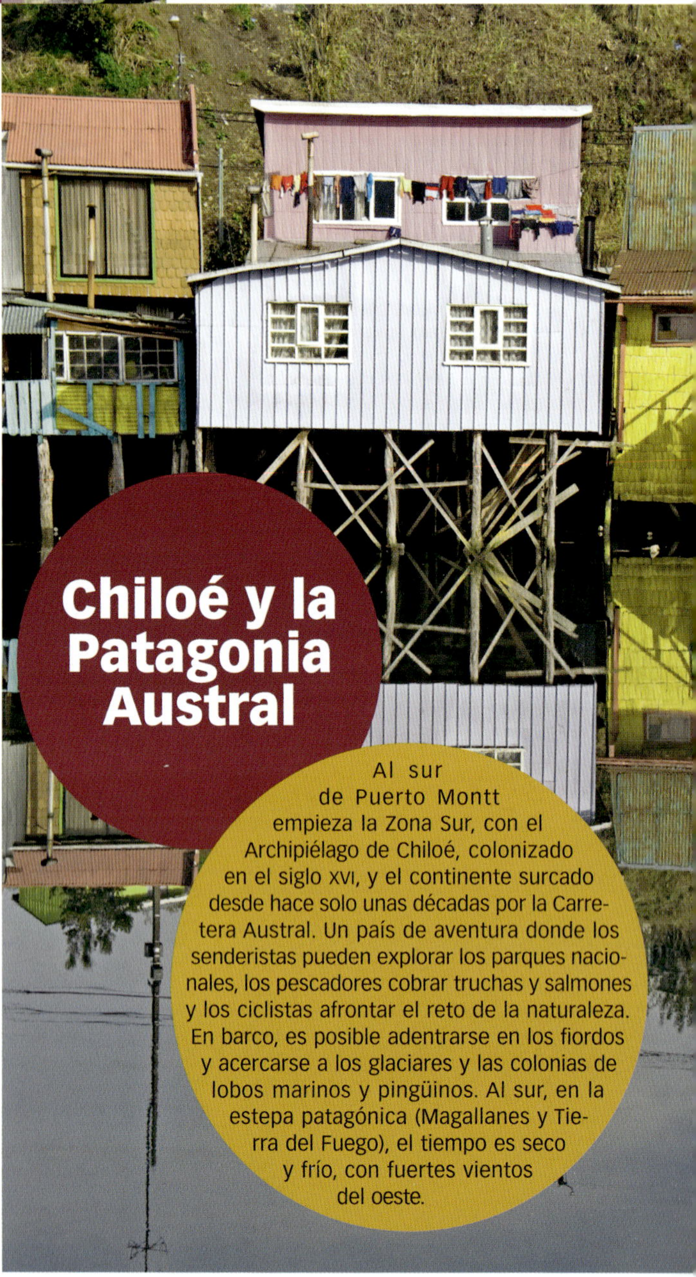

Chiloé y la Patagonia Austral

Al sur de Puerto Montt empieza la Zona Sur, con el Archipiélago de Chiloé, colonizado en el siglo XVI, y el continente surcado desde hace solo unas décadas por la Carretera Austral. Un país de aventura donde los senderistas pueden explorar los parques nacionales, los pescadores cobrar truchas y salmones y los ciclistas afrontar el reto de la naturaleza. En barco, es posible adentrarse en los fiordos y acercarse a los glaciares y las colonias de lobos marinos y pingüinos. Al sur, en la estepa patagónica (Magallanes y Tierra del Fuego), el tiempo es seco y frío, con fuertes vientos del oeste.

Archipiélago de Chiloé

El Archipiélago de Chiloé ("Tierra de Gaviotas") está formado por 21 islas situadas en un mar interior, entre el continente y la Isla Grande de Chiloé, que tiene 250 km de norte a sur y unos 50 de este a oeste.

No solo el verde paisaje de pequeñas tierras y prados, el clima lluvioso y la costa con peligrosos bajíos y fiordos, recuerdan a Galicia. También en Chiloé la gente vive del mar. Un mundo de supersticiones y brujería preside el folclore chilote, con una *"Santa Compaña"* que aquí se llama *"La Recta Provincia"*. Los chilotes son los emigrantes tradicionales chilenos. Se dice que hay más chilotes en la emigración que en las islas, que tienen 160.000 habitantes.

ANCUD **

Ancud (40.000 habitantes) es el único puerto resguardado en la costa del Pacífico y era estación de descanso para las expediciones que venían desde el Estrecho de Magallanes. Durante el siglo XIX, Ancud fue puerto central de los balleneros del Pacífico Antártico y, hasta 1982, la capital de Chiloé. Subiendo desde el puerto por la calle San Antonio, se llega al **Fuerte San Antonio,** construido sobre un promontorio que domina y protege el puerto de Ancud. Es un buen balcón panorámico.

En la plaza, el **Museo Regional** documenta la historia chilota en imágenes religiosas y en productos artesanales. En una de sus salas hay una reproducción de la goleta Ancud, que partió en 1843 para colonizar el territorio de la actual Punta Arenas.

CASTRO **

Castro (39.000 habitantes), en el mar interior de Chiloé, fue fundada por el gallego Ruiz de Gamboa en 1567. Aunque la planta de la ciudad sigue las ordenanzas reales: plaza de armas, cuadras de 127 pies de lado, y calles como un damero, el gran desnivel que hay entre la plaza y la costanera, desorienta. El terremoto de 1960 causó tantos destrozos que las calles se extendieron después por la falda de la montaña. Desde 1982 es capital de Chiloé.

En la Plaza, la impresionante **Iglesia de San Francisco** fue construida totalmente de madera y terminada en 1912, según planos de Eduardo Provasoli. En un alarde de habilidad, los carpinteros chilotes fundieron en sus

▲ Detalle de una fachada de tejuelas en el Archipiélago de Chiloe.

◄ Palafitos flotantes en Castro.

Museo Regional

- Plaza de Armas, Libertad 370
- 65 262 24 13
- www.museoancud.cl
- Mar-Vier, 10-17.30 h, Sáb-Dom y festivos, 10-14 h. No abren en Navidad, Año Nuevo, Viernes Santo y Primero de mayo, ni Lun. Visitas guiadas: 10-12 h y 15.30-17 h

LA CARRETERA AUSTRAL

La Carretera Austral tiene unos de 1.200 km, desde Puerto Montt a Villa O'Higgins. La empezó a construir el ejército en 1976 y las obras duraron más de 20 años. Cuando se colonizaron los terrenos, en 1940, para poder parcelarlos hubo que quemar grandes extensiones de bosques de espesura intransitable. Actualmente la mayor amenaza es la explotación de la inmensa riqueza maderera que almacena la región. Aunque la lluvia es casi constante (más de 3.000 mm al año) y, fuera de los meses de verano, el frío también, hay parajes muy atractivos como la Laguna de San Rafael, las Termas de Puyuhuapi o la Catedral de Mármol, en la costa del Lago General Carrera.

Trayecto en minibús de línea o en coche todoterreno, por 1.200 km de carretera sin asfaltar, a través de la selva fría

Hornopirén
50 minutos en lancha, de 3 pasajeros, 10.000 pesos; tienen hotel y restaurante
65 248 61 15

Chaitén
El Quijote
Bernardo O'Higgins 42
65 273 14 41. Rústico

Hotel Don Carlos
Almirante Riveros 53
65 273 12 87. Hostal familiar, limpio, servicio amabilísimo

Puerto Cárdenas
Complejo hotelero Yelcho en la Patagonia
En el lago Yelcho, a 9 km de Puerto Cárdenas
65 257 60 05; hotel, cabañas, camping y restaurantes; www.yelcho.cl

Puyuhuapi
Casa Ludwig (Bed & Breakfast)
Av. Otto Uebel 202 Carretera Austral Norte.
67 232 52 20; www.casaludwig.cl

Termas de Puyuhuapi
13 km al sur de Puyuhuapi está el embarcadero a las termas
22 222 84 00; www.termasde-puyuhuapi.com

Hornopirén, a 100 km al sur de Puerto Montt, está al pie del volcán Hornopirén. En las proximidades hay dos islas: Los Ciervos, que protege una población de ciervos rojos y pudúes, y Llancahue, con buenas termas. A 6 km del pueblo empieza el **Parque Nacional de Hornopirén.**

Chaitén (800 habitantes), en la costa continental del mar interior de Chiloé, conserva cierto ambiente de colonización. Comunicado directamente con Puerto Montt por catamarán y aeródromo, y con la isla de Chiloé por barco, es la base logística para los excursionistas que se aventuran en la Carretera Austral.

El **Parque Pumalín** era, hasta hace poco, propiedad privada del millonario ecologista norteamericano Douglas Tompkins, que anunció que todas sus tierras serían traspasadas al Estado en el momento de su muerte (diciembre de 2015). Actualmente cuenta con más de 300.000 ha y es administrado por la Fundación del mismo nombre. Desde **Caleta Gonzalo,** la Carretera Austral atraviesa 47 km del parque.

Puerto Cárdenas, en el lago Yelcho, es una de las metas de pescadores de todo el mundo. El lago, de origen glacial y aguas de intenso color, está encajado entre altos cerros coronados por ventisqueros.

Puerto Puyuhuapi fue fundado por unos alemanes que en 1935 establecieron una industria agrícola y, después de la II Guerra Mundial, una próspera fábrica

de alfombras. La Fábrica Hopperdietzel se puede visitar. Desde la **Bahía Dorita** se toma un barco que cruza a las **termas de Puyuhuapi** en 10 minutos (salen a las 10 h, 12.30 h, 15.30 h y 19.30 h). En la otra orilla hay un lujoso hotel con todo confort y modernas instalaciones spa. Se pueden tomar baños y regresar en el día.

El **Parque Nacional Queulat** se extiende a ambos lados de la carretera a lo largo de 70 km. La atracción más llamativa es el balcón del **Ventisquero Colgante**.

Coyhaique (55.000 habitantes) es la capital más importante de la Carretera Austral. Situada en un alto valle, al pie del macizo Mackay, es una ciudad de calles asfaltadas, con buenos cafés, hoteles, comercios y agencias de viajes. En el **Museo Regional de la Patagonia** se documenta la historia de la población.

Por **Puerto Río Tranquilo,** en el Lago General Carrera, la costa es de mármol y el agua ha horadado cavernas y pasadizos cuyas paredes, pulidas por el roce, presentan estratos de colores y un techo en rara forma de arco gótico –la **Catedral de Mármol.**

Entre la carretera y la costa están los grandes Campos de Hielo del Norte y de San Valentín. Casi 2 millones de ha protegidas como **Parque Nacional Laguna de San Rafael.** Con alturas que se elevan directamente desde el nivel del mar hasta los 4.058 m (monte San Valentín) y gran cantidad de ríos y arroyos que nacen en los 19 ventisqueros del parque y que, a lo largo de su curso, forman innumerables lagunas. Es único el espectáculo de los hielos derrumbándose estrepitosamente en el agua y de icebergs de lenta deriva. En **Villa O'Higgins** (500 habitantes) se acaba la Carretera Austral.

Puyuhuapi Lodge & Spa
☎ 67 245 03 05
puyuhuapilodge.com

P. N. Queulat
Dic-Mar, 8.30-19 h; resto del año 8.30-17.30 h

Coyhaique
Museo Regional de la Patagonia
✉ Calle Lillo 23
Lun-Dom, 9-20 h; inv. 18 h
Restaurante Ricer
✉ Horn, 48
☎ 67 223 24 57

Alojamiento:
Cabañas Patagonia Los Álamos
✉ Av. Baquedano, 3125
☎ 67 223 25 74; www.patagonialosalamos.cl

Catedral de Mármol
✉ Ctra. Austral, 220 km al sur de Coyhaique. En Puerto Río Tranquilo hay lanchas que tardan 20 minutos.

P. N. Laguna de San Rafael
! La administración está a 8 m del embarcadero y a 1.500 m de la pista aérea www.conaf.cl.

paredes y bóvedas los estilos neogótico y neoclásico. El cálido juego de niveles que se produce con la luz de día es magnífico. Junto a la catedral, en un claustro de piedra, hay una feria artesanal.

El **Museo Municipal de Castro** exhibe una abarrotada colección de productos chilotes relacionados con la madera: instrumentos musicales, juguetes, una prensa de manzanas, fotografías y muestras de arqueología e imaginería religiosa.

En la Costanera, en la parte baja de la ciudad, hay un mercado artesanal, el puerto y un museo en construcción.

Museo Municipal de Castro
65 263 59 67
Verano: ene-febr, Lun-Sáb, 9.30-19 h, Dom, 10.30-13 h, invierno: marz-dic, Lun-Vier, 9.30-13 h y 15-18.30 h, Sáb, 9.30-13 h

PARQUE NACIONAL CHILOÉ **

En un área de 43.057 ha, al extremo occidental de la Isla Grande, la prolongación de la Cordillera de la Costa forma el Parque Nacional Chiloé, densamente cubierto de bosques, con largas playas y sin poblaciones. Las frecuentes lluvias producen una naturaleza verde que llega hasta el mar. Ofrece buenas condiciones para hacer trekking, paseos en bote y a caballo, y para avistar zorros, venados, algún tímido pudú y aves, de las que hay 110 especies. En el interior del parque hay varias comunidades de Huilliche que luchan por recuperar sus terrenos.

Por el norte es accesible por el camino a Cucao. Por el parque se puede hacer senderismo y paseos a caballo. Se puede acampar y hay refugios para pernoctar.

Las iglesias de Chiloé

En Chiloé hay unas 400 iglesias de madera, de las que 16 están en el Patrimonio de la Humanidad de la UNESCO. En su origen eran ermitas construidas por los jesuitas como estaciones de sus "misiones circulantes". En el siglo XVIII se empezaron a transformar en iglesias. Todas siguen el mismo modelo: son de madera trabajada a azuela y ensamblada sin clavos. Las torres son de cuerpos superpuestos y tienen el pórtico cubierto. En el siglo XIX se añadieron los cementerios con tumbas en forma de casitas para reguardarlas de la lluvia. Las más importantes son las de Achao, Dalcahue, Chonchi, Nercón, Quinchao, Tenaún, Vilupulli.

Punta Arenas

Punta Arenas, en pleno Estrecho de Magallanes (119.000 habitantes), fundada en 1848 en este lugar, llamado en los mapas ingleses "Sandy Point", fue una colonia de deportación.

Hasta que se abrió el Canal de Panamá (1914), todos los barcos que transitaban entre el Atlántico y el Pacífico pasaban por Punta Arenas y los emigrantes europeos empezaron a quedarse en lugar de continuar viaje a California. En 1945 se encontró petróleo en Tierra del Fuego. Hacia 1970 se asentó la industria pesquera y en 1987 empezó la explotación de los mantos carboníferos cercanos a la ciudad.

El centro urbano es la **Plaza Muñoz Gamero,** con un grupo escultórico rodeado de cedros inclinados por el viento, que representa al marino Hernando de Magallanes y dos figuras de indios recuerdan a los pueblos exterminados Ona y Aonikenk. En torno a la plaza están los museos más importantes, antiguos palacetes de hacenderos:

El **Palacio Sara Braun,** edificado en 1900 por la fundadora de la Sociedad Explotadora de Tierra del Fuego, conserva su mobiliario importado de Europa. En el Palacio Menéndez, donde residió Mauricio Braun, hermano de Sara y yerno de Menéndez, está el **Museo Regional de Magallanes**. El **Museo Naval y Marítimo** documenta la historia de la navegación en el estrecho. En el **Museo Regional Salesiano Maggiorino Borgatello** se documenta la cultura, historia y naturaleza de la región. En el **cementerio municipal Sara Braun**, están los mausoleos de los principales hacendados. En la Avenida, enfrente del cementerio está el *Monumento al Ovejero,* obra de Germán Montero. En el Museo del Recuerdo, en el **Instituto de la Patagonia,** se exponen carromatos, casas y máquinas de la colonización.

Palacio Sara Braun
- Al norte de la Plaza Muñoz Gamero 716 esquina Bories.
- Lun-Vier, 10.30-13 h y 17-20.30 h, Sáb, 10.30-13 y 20-22 h.

Museo Regional de Magallanes
- Magallanes 949
- 61 224 20 49
- www.museodemagallanes.cl
- Verano, Lun-Sáb, 10.30-17 h, Dom, 10.30-14 h; en invierno, Lun-Dom, 10.30-14 h

Museo Naval y Marítimo
- Pedro Montt, 981
- 61 220 54 79
- Jun-Sep, Mar-Sáb, 9.30-12.30 y 14-17 h. Oct-nov, 9.30-12.30 y 14-18 h

Museo Regional Salesiano Maggiorino Borgatello
- Av. Bulnes 336
- 61 222 10 01
- Mar-Dom, 10-12.30 h, y 15-18 h

Cementerio municipal Sara Braun
- Av. Bulnes 029
- 7.30-20 h en verano y 8-18 h en invierno

Instituto de la Patagonia
- Av. Bulnes 1890
- Lun-Vier, 8.30-12 h y 14.30-18 h, Sáb, 8.30-12 h
- institutodelapatagonia.cl

EXCURSIONES EN COCHE

Seno Otway
En el km 27 de la carretera de Punta Arenas a Puerto Natales, hay un retén de carabineros. De allí mismo sale un camino señalizado que, en 30 km, llega a la pingüinera del Seno Otway (15 oct-31 mar, Lun-Dom, 8-18.30 h)

Isla Magdalena
El viaje dura unos 90 minutos; en la isla se permanece unas 2 horas
La balsa "Balseo Ponsomby" cruza a la Isla Riesco todos los días cada hora de 9 a 18 h

A LAS PINGÜINERAS ***

Hay dos colonias de pingüinos cerca de Punta Arenas: en la **Isla Magdalena** habitan unos 200.000 pingüinos de Magallanes, y en el **Seno Otway** hay una colonia de 4.000 parejas. Las aves permanecen allí mientras dura la puesta y la cría (octubre-marzo); despues emigran a aguas más calidas. Ambas pingüineras tienen circuitos con miradores de observación. En Isla Magdalena hay un faro con un museo. En el Seno Otway, un café.

► Colonia de pingüinos en Isla Magdalena.

A FUERTE BULNES *

En el km 51 un monolito señala el centro geográfico de Chile (punto medio entre Arica y el Polo Sur). Por la pista a la izquierda del monolito se llega a **Puerto Hambre,** lugar en que fracasó la expedición de Sarmiento de Gamboa en 1584. Cerca está **Fuerte Bulnes,** un fuerte de madera construido en 1843 por el gobierno chileno para vigilar y colonizar el estrecho.

✉ A 56 km por la carretera que sale de Punta Arenas hacia el sur por el litoral. Solo se puede llegar por agencia o en vehículo propio

A LA ISLA RIESCO **

La pequeña carretera recorre el bucólico litoral. En el km 17, en **Parque Ñandú** (9-19 h), se pueden observar 100 ejemplares de dichas aves y alguna pareja de emús (avestruces australianas).

En **Río Verde** hay dos caseríos. En el primero está la municipalidad, frente al embarcadero de balsas que cruzan el canal a la isla. 1 km más adelante está la Villa de Río Verde, una antigua estancia inglesa cuya historia se documenta en el **museo** de la casa patronal. Hay café y restaurante.

La **isla Riesco** cierra el Seno Otway y deja un pequeño canal que permite la formación del seno Skyring. Una pista bordea la costa norte de la isla. A 7 km del trasbordador está la **Estancia Fitz Roy,** un complejo turístico cuyo galpón de esquila es un museo que recrea la vida en la estancia. Hay exhibición de esquila de ovejas, pastoreo de rebaños y demostración de laceo, marca y pesaje de ganado bovino. En el quincho se sirve asado al palo.

✉ Se va por la ruta 9 (Punta Arenas-Puerto Natales). Antes de llegar a la bifurcación de Gobernador Philippi, en el km 43, se desvía a la izquierda una carretera menor de 80 km que vuelve a unirse a la ruta 9 en Villa Tehuelches. En Río Verde (58 km) se puede atravesar el canal Fitz Roy (100 m de anchura) para llegar a la isla Riesco

Isla Riesco
La balsa, frente a la municipalidad de Río Verde, atraviesa el canal de Fitz Roy y transporta coches, Lun-Sáb, 8-12 h y 13-17 h; Dom y festivos, 9-12 h y 13-19 h

Puerto Natales

Cobijado entre el Canal Señoret y el fiordo Última Esperanza, se dice que en Puerto Natales (19.000 habitantes) las cuatro estaciones del año transcurren en un día: lluvia, sol, viento, y tormentas, que sucediéndose con sus cambios de luces sobre el brazo de mar, bajo el arcoiris, constituyen un espectáculo natural.

Puerto Natales es un pueblo de servicios turísticos. En cada calle hay hoteles, restaurantes, agencias de viajes y comercios con todo lo necesario para las excursiones. Un poblado artesanal (Angamos, esquina Philippi) brinda artículos de recuerdo. En la plaza están la iglesia y el ayuntamiento. Las principales calles son Manuel Bulnes y Eberhard. Al final de la calle Bulnes está el embarcadero de transbordadores a Puerto Montt y de barcos de excursiones por los canales patagónicos.

Hay un **Museo Histórico** con fotos y documentos de los aventureros y ganaderos que vivieron en la región y de los pobladores indígenas, que eran los Kaweska, Alakalufes y Tehuelches.

A 5 km del pueblo está el **Frigorífico Bories** que entre 1914 y 1970 fue el mayor matadero de Patagonia.

Museo Histórico

✉ Bulnes 285

🕒 Verano: Lun-Vier, 8-19 h, Sáb, 10-13 h y 15-19 h. Invierno: Lun-Jue, 8-17.30 h, Vier, 8-16.30 h

▲ Representación escultórica del milodón.

▼ Catamarán en el Seno Última Esperanza.

LA CUEVA DEL MILODÓN *

El "milodón" era un perezoso gigante que hasta hace 10.000 años habitó exclusivamente en América del Sur. El descubrimiento de los restos del "Milodón" en 1895, causó conmoción entre los paleontólogos.

✉ A 24 km de Puerto Natales, en un desvío de la carretera a Torres del Paine

EN BARCO POR EL SENO ÚLTIMA ESPERANZA ***

Se recorren 40 km del seno que penetra entre montañas y rocas verticales: cascadas, colonias de cormoranes y hasta cóndores pueden observarse muy de

! Las agencias ofrecen paseos en barco de una jornada, o en catamarán, de media jornada

Accesos
Desde Puerto Natales hay 60 km a Cerro Castillo (café, gasolina y tienda) y, desde allí, otros 55 km hasta la portería de las lagunas Amarga y Azul, y a la principal, la del Lago Sarmiento, donde hay un centro de información (abierto todo el año, 8.30-20 h). Allí se saca la entrada (15.000 pesos). A 37 km de la portería, cerca del lago Toro, están el aparcamiento y el Centro de Documentación de Conaf (9-20 h)

Hotel Explora (Camino principal, a 139 km de Puerto Natales y a 11 de la sede administrativa). Confortable hotel con 77 camas en el sector Pehoé
Reservas: ✉ Av. Américo Vespucio Sur 80, Piso 5. Santiago
☎ 22 395 28 00

Mapas, vehículos alquilados, permisos
Para adentrarse en el parque es imprescindible un buen mapa. Es bastante detallado el Mapa del Parque Torres del Paine, *"Mapa del Excursionista"* (escala 1:100.000, Editorial Patagonia Interactiva). El mejor folleto es el *Patagonia Trail Guides & Route Maps*, editorial Latitud 90, con descripción detallada de rutas de senderismo.
Para escalar las torres es necesario un permiso de Conaf, certificado de salud, un número de teléfono de urgencia y un permiso de evacuación de Difrol. El tiempo es imprevisible: puede cambiar de un sol radiante a una granizada aplastante o de la calma al viento frío. No se deben olvidar gafas ahumadas, crema antisolar de altísimo factor, comida y agua. Es estrictamente recomendable respetar todas las indicaciones de comportamiento en el parque

cerca. El barco llega hasta la base del **Cerro Balmaceda** (2.035 m), una pared casi vertical con un ventisquero colgante. Tampoco falta el *pisco sour* con hielo de glaciar.

PARQUE NACIONAL TORRES DEL PAINE ***

La profunda belleza del Macizo del Paine emergiendo solitario de la llanura es de sobra conocida y disfrutada por los 2.000 turistas que, en temporada, acuden a diario. Los picos nevados de sus Cuernos y Torres, que se elevan directos desde el nivel del mar, los hayedos de lengas y coihues, el color esmeralda de sus lagos... Se ven abundantes guanacos calentándose la panza en la carretera que huyen en cuanto se acerca un coche, tímidos ñandús, cisnes de cuello negro, zorros y cóndores coronando con su vuelo las cumbres del macizo.

Las posibilidades de turismo activo son innumerables: senderismo, escalada, montar a caballo, rafting, trekking... la infraestructura turística es excelente. Se puede acceder en vehículo propio (alquilado), en autobús de línea o en un paquete de las innumerables agencias de viaje. Muchos hoteles en Punta Arenas, Puerto Natales y Torres del Paine ofrecen sus propios programas de excursiones.

La excursión de un día (ida y vuelta son casi 6 horas de viaje) pasa por los principales puntos turísticos del parque y, tras comer en una posada o de pícnic, se da un paseo en catamarán por el lago Grey hasta el glaciar. Una alternativa más interesante, también de una jornada, es acceder al parque en *zodiac* remontando el río Serrano y regresar en autobús.

En el parque, un gran sendero de 50 km, que sobre el plano tiene forma de "W", bordea el macizo por la base. En sus trayectos parciales hay varios grados de dificultad, en ningun caso excesiva si no se hacen subidas a los picos. Para hacerlo completo hay que contar con un mínimo de tres días. Se puede pernoctar en lodges, hoteles, refugios o campings.

► Carretera en el Parque Nacional Torres del Paine.

Tierra del Fuego

La Isla Grande de Tierra del Fuego es la mayor del continente sudamericano. Tiene 76.000 km^2, una superficie equivalente a la de Cataluña, Aragón y La Rioja juntas.

▲ Espectacular paisaje de Tierra del Fuego.

▼ Guanaco fueguino.

El paisaje es monótono, cubierto de hierba pampera, pero impresionante en su soledad barrida por el viento. Por todas partes se ven manadas de guanacos, que comparten pastos con las ovejas y huyen de la presencia humana, echando una mirada altiva y saltando elegantemente por encima de las vallas de alambre que bordean todas las carreteras. El estrecho de Magallanes se puede cruzar en transbordadores, bien en un viaje de tres horas desde el embarcadero Tres Puentes, en la parte norte de Punta Arenas, o, en media hora, desde Bahía Azul a Punta Delgada.

Cerro Sombrero, constituido como pueblo en 1966, había surgido pocos años antes a causa de la intensa actividad petrolera de esta zona. Es un curioso poblado industrial construido por ingenieros americanos y por empleados de ENAP (Empresa Nacional del Petróleo), con gasolinera a la entrada. En la cumbre del calvero están los principales edificios: piscina cubierta, polideportivo, iglesia, escuela, biblioteca y cine, con un pequeño parque alrededor de la estatua metálica de un barrenero. El pueblo parece una utopía socialista de los años sesenta. En el club social hay un restaurante.

A 128 km al oeste, por buen camino de ripio, está **Porvenir** (5.500 habitantes), la población más grande de la Tierra del Fuego chilena. Debe su existencia a los yacimientos de oro hallados a finales del siglo XIX en la Sierra Boquerón. Hay un pequeño **Museo de Tierra del Fuego**. En el mismo edificio hay una oficina de información.

Museo de Tierra del Fuego

✉ Padre Mario Zavattaro 402
☎ 61 258 18 00
🕘 Lun-Jue, 9-17 h, Sáb-Dom y festivos, 10.30-13.30 h y de 15-17 h, Vier, 9-16 h

Las Islas del Pacífico

Forman el Chile Oceánico el Archipiélago de Juan Fernández, a 667 km de la costa, y la Isla de Pascua, a 3.765 km de Valparaíso. Erupciones volcánicas de hace 3 millones de años originaron las tres islas de Juan Fernández: *Más a Tierra, Más Afuera* (Isla Alejandro Selkirk) y el islote Santa Clara, a 1,5 km de Robinson Crusoe. Son Reserva Mundial de la Biosfera y atraen a un turismo científico. La Isla de Pascua es la más aislada del mundo. Tiene forma triangular, originada por la erupción sucesiva de tres volcanes, uno en cada vértice. Con clima oceánico subtropical y un suave paisaje de colinas y pocos árboles, la Isla de Pascua conserva testimonios de una misteriosa cultura megalítica.

Isla de Pascua (Rapa Nui)

La Isla de Pascua, Rapa Nui ("Isla Grande") en dialecto polinésico, *"Te Pito Te Henua"* ("El ombligo del mundo") en la mitología nativa, se formó hace 2,5 millones de años por erupción sucesiva de tres volcanes: el Poike, al este; el Rano Kau, al sur; y el Maunga Tere Vaka, al norte.

No se sabe cuando llegaron los primeros pobladores, pero se va perfilando como fecha el siglo XII de nuestra era y parece que procedían de las Islas Marquesas. Según la tradición oral, llegaron en sucesivos grupos y entablaron luchas entre sí que finalizaron con la victoria de los "Orejas Largas" sobre los "Orejas Cortas", hacia el siglo XVI. En aquellas luchas, quedaron arrasados los signos de poder

ISLA DE PASCUA

(Moais, Ahus). Dispersos por la isla, hay también restos de viviendas, gallineros, huertos y cuevas acondicionadas como habitáculos.

Descubierta el domingo de Pascua de 1722 por el holandés Jacob Roggeveen, Rapa Nui no tuvo interés para los imperios coloniales y quedó a merced de explotadores ovejeros que esclavizaron a sus habitantes: en 1877, solo sobrevivían 11 nativos y se había perdido el eslabón que permitía leer las tablillas parlantes, *Rongorongo,* y conocer el significado de su cultura. En 1888, a instancias del obispo de Tahití, Chile tomó posesión de la isla.

▼ Tejiendo palma en la Isla de Pascua durante la fiesta Tapati.

► Moais en Rano Raraku.

El clima es oceánico subtropical, tiene una temperatura media anual de 20 °C, máxima 27 °C, mínima 15 °C. El viento es constante y da cierta sensación de frío en los meses invernales. La lluvia es frecuente, a chaparrones concentrados en espacios reducidos: puede llover en un sitio y 100 m más allá, no. Son más frecuentes en mayo y junio. En la isla no hay arroyos, porque por la lava porosa se filtra el agua de lluvia. Pero hay manantiales repartidos por la costa y los cráteres son aljibes de agua. Las numerosas cuevas del interior se formaron durante los flujos de lava: la capa exterior se endureció, pero la lava del interior siguió fluyendo hasta el mar dejando túneles vacíos llamados "tubos de lava".

Hanga Roa (3.500 habitantes, unos 2.500 nativos), es la única población isleña. En sus calles, sumidas en la vegetación tropical, abundan los hoteles, restaurantes y tiendas. En el **Museo P. Sebastián Englert** se documenta la historia arqueológica de Rapa Nui.

Museo P. Sebastián Englert
✉ Cerca del Tahai s/n
☎ 32 255 10 20
🌐 www.museorapanui.cl
🕘 Mar-Vier, 9.30-17.30 h, Sáb-Dom y festivos, 9.30-12.30 h

Lo más misterioso son las gigantescas figuras de piedra *(Moai),* retratos de los ancestros emplazados de espaldas al mar en altares ceremoniales *(Ahu),* casi todos a lo largo de la costa. Lo que se sabe de sus técnicas de tallado, transporte y significado, son conjeturas. Derruidos en las luchas de clanes, en 1956 el arqueólogo Thor Heyerdahl empezó a reponerlos en sus lugares. El mejor restaurado es el centro ceremonial **Tahai,** a las afueras de Hanga Roa. Entre los grupos de moais más llamativos, están el **Altar de los Siete Exploradores** *(Ahu Akivi),* el **Ahu de Anakena,** restaurado por Heyerdahl en la única playa natural de

▼ Ahu Vai Uri en la Isla de Pascua.

la isla, a unos 15 km de Hanga Roa, y el **Altar de la Dinastía Tongariki** *(Ahu Tongariki)* junto a las canteras del volcán **Rano Raraku,** de donde salieron todos los moais, y un escenario de impresionante dramaturgia.

La rivalidad entre clanes permaneció en el culto al dios antropófago Make Make y en el rito del Hombre Pájaro *(Tangata Manu),* su representante en la tierra, que tenía como centro ceremonial la **aldea de Orongo,** al borde del volcán Rano Kau. En los tres islotes cercanos al volcán, anidan gaviotas migratorias. En primavera, representantes de los clanes esperaban en Orongo la llegada de las aves para enviar a sus respectivos emisarios en busca de un huevo. El primero en traerlo era designado hombre-pájaro, recluido durante todo el año en una cueva bajo *tapu,* tabú, y su clan detentaba la autoridad. Actualmente, en febrero, se celebra la fiesta "Tapati" que es una recreación moderna de aquella competición.

Café
CA
Postal Stamps

Dónde...

Selección de direcciones

Comer y beber

Precios

Los precios son aproximados y se indican para una comida con entrada, plato principal y postre, sin bebida y sin el 10% de rigor para el camarero:

E = menos de 15 €
M = entre 15 y 30 €
C = más de 30 €

SANTIAGO (2)

Europeo (C)

Quizás el mejor restaurante de Santiago: abalones sobre algas marinas con espuma de Noilly Prat. Mero al horno sobre puerros y raviolis negros rellenos con centolla. Terrina de hígado de pato sobre láminas de naranja confitada y aspic de oporto.
Alonso de Córdova 2417, Vitacura
22 208 36 03
www.europeo.cl

María del Mar (C)

Restaurante especializado en "comida de mar" y con una gran variedad de vinos, champagnes y espumosos.
El Mañío 1665, Vitacura
22 717 38 76

Per Piacere (M)

Alegre local italiano cerca de la Pl. Brasil.
Catedral 2201 con Maturana
22 688 45 56
www.perpiacere.cl

El Huaso Enrique (M)

Con casi 60 años, uno de los más antiguos de la capital; es como una picada elegante; los fines de semana hay bailes de cuecas.
Maipú 462
22 681 52 57
www.elhuasoenrique.cl

La Canela (E)

Café literario y uno de los centros del barrio.
Maturana 803 local 3
22 695 54 82

Emporio Siciliano (C)

En una bonita casa, buena cocina italiana.
Dardignac 102
22 737 22 65
www.siciliano.cl

Como Agua para Chocolate (C)

Situado cerca de la casa de Neruda, ambiente acogedor, cocina creativa, autocalificada de "mágica-afrodisiaca".
Constitución 88
22 410 62 00

Aquí está Coco (C)

Treinta y cinco años de cocina. Enfocado al mar pero también con buenas carnes.
La Concepción 236 , Providencia
410 62 00
www.aquiestacoco.cl

La Cascade (C)

Cocina francesa pero con productos chilenos frescos.
Av. Josemaría Escrivá de Balaguer 6400 (Vitacura).
22 218 96 40
www.lacascade.cl

De Cangrejo a Conejo (C)

Sofisticado local y arriesgada carta con buenos resultados.
Av. El Rodeo 12850, Local 75
22 216 67 47
www.decangrejoaconejo.cl

Greca (M)

Comida griega y mediterránea .
Av. Italia 857
22 225 73 12

La Casa en el Aire (M)

Sándwiches, pizzas, tablas maridadas con vino y música en directo.
Antonia López de Bello 0125, Bellavista
22 735 66 80
www.lacasaenelaire.cl

Muñeca Brava (M)

Restaurante-bar en un antiguo estudio cinematográfico en tres pisos del Barrio Bellavista; jazz en vivo.
Mallinkrodt 170
22 732 13 38

Chorrillanas J. Cruz (E)

Sirven el típico plato las "chorrillanas: una "montaña" de carne cocida de ternera en tiras, cebolla frita, patatas fritas y huevos fritos.
Av. Rancagua 0438
22 341 85 23

CHILE CENTRAL

Valparaíso (32)

La Concepción (C)

Con privilegiadas vistas al mar, esta casona de 1880 ofrece una amplia selección de vinos para acompañar a sus platos, inspirados en el puerto y el mar.
Papudo 541, Cerro Concepción
32 249 81 92
restaurantlaconcepcion.cl

Pasta e Vino (C)

Hay que probar los ravioli de pato o los *gnocchi* de betarraga (remolacha). Los postres son una gran tentación.
Papudo 427, C. Concepción
32 249 61 87
www.pastaevinoristorante.cl

Bambú (M)

Local naturista, cocina vegetariana, y buenos jugos.
Independencia 1790
32 223 42 16

Vinilo (E)

Café-bistro alternativo; buen menú que cambia cada día.
Almirante Montt 448, Cerro Alegre
32 223 06 65

El Curanto

Netamente chileno, el curanto es un plato originario de los nativos chilotes. Se prepara en un hoyo excavado en la tierra, en cuyo fondo se depositan piedras que son calentadas al rojo vivo mediante una hoguera. Tras retirar las cenizas, se van colocando por capas los mariscos o pescado, la carne, las papas, los embutidos y las verduras. Estas capas se separan unas de otras con hojas de nalca, de parra o de repollo. Tras cubrir el hoyo con tierra o paños húmedos, se deja cocer durante una hora larga. En la Isla de Pascua se cocina una variedad de curanto llamada *"Umu Ta'o"*.

Viña del Mar (32)

Delicias del Mar (C)
Restaurante vasco de cocina refinada y una bodega que respira experiencia.
Av. San Martín 459
290 18 37

La Flor de Chile (C)
Bar-restaurante de cocina tradicional chilena y española.
8 Norte 601
32 268 95 54
www.laflordechile.cl

San Marco (M)
Grande, especializado en comida italiana.
Av. San Martín 597
32 297 53 04
www.ristorantesanmarco.cl

Guarak (M)
Árabe que contribuye al toque multicultural de Viña*kubbu* (bolitas de pasta), *guarak* (hojas de viña) o *badinya* (berenjenas rellenas).
5 Poniente 441
32 297 97 44

La Dieta de Nos (M)
Un menú sano es la idea de este restaurante. Hay comida vegetariana, carnes ligeras, alternativas para diabeticos y celíacos, mucha fruta y verdura.
3 Norte 206, esq. 5 Poniente
32 246 02 35

Carnes al Paso (M)
Carnes a la brasa. Este cálido local sirve un gran surtido de comida chilena, buenos vinos y café.
6 Norte 309, esq. 4 Poniente
32 288 42 52

Chillán (42)

Ficus, la parrilla de Córdoba (M)
Constituye un elegante restaurante con cocina internacional.
Rosas 392
42 221 21 76
www.ficuschillan.com

Club Social El Chinchorro (E)
Especialidades regionales.
Isabel Riquelme 1173
42 221 12 75

Concepción (41)

La Suite (M)
"Restobar" en el hotel Concepción.
Serrano 512
41 262 90 00

Fina Estampa (M)
Comida típica peruana.
Angol 298
41 222 17 08

NORTE GRANDE

Arica (58)

El Rey del Marisco (M)
Restaurante especializado en mariscos y pescados.
Colón 565, 2 piso
58 222 92 32

Café del Mar (E)
Café, restaurante, agencia de viajes, un tres en uno con buen servicio en plena zona peatonal.
21 de Mayo 260
58 223 19 36

Putre

Canta Verdi (E)
Un local montado por la juventud que reina en el pueblo. Tiene chimenea.
Arturo Pérez Canto 339
985 12 72 00

Iquique (57)

El Tercer Ojito (C)
Cocina regional hacha con productos naturales, pescado fresco y gran variedad en las ensaladas y jugos.
Patricio Lynch 1420
57 241 38 47
www.eltercerojito.cl

Puerto Camarón (M)
Especializado en pescados y en un ambiente muy familiar.
✉ Baquedano 801
☎ 57 276 33 91

Restaurante Neptuno (M)
Excelente cocina y pescado fresquísimo.
✉ Riquelme 234
☎ 32 32 64
🌐 www. restauranteneptuno.cl

Restaurante Gavina Sens (C)
Buen restaurante con gran cristalera al mar.
✉ Av. Arturo Prat, 1497
☎ 57 232 32 64
🌐 www.gavinasens.cl

San Pedro de Atacama (55)

Café Adobe (E)
Café-restaurante de gringos con buen café, pizzas e internet.
✉ Caracoles 211
☎ 55 285 11 32
🌐 www.cafeadobe.cl

Milagro (C)
Típico lugar para mochileros: pizza, pasta, sándwiches.

El Mate
Esta hierba constituye la infusión nacional en Brasil, Argentina, Paraguay, Uruguay y Patagonia.
Se compone de hojas y tallos desecados del *Ilex Paraguayensis*, una especie que posee teína. La hierba es depositada en el mate o calabaza y se le agrega agua tibia sin hervir. Tras dejarla reposar unos segundos, el líquido es succionado mediante una paja metálica, "la bombilla".

✉ Caracoles 241
☎ 55 285 15 15

Tierra (M)
Especializado en empanadas, pizzas y pastelería en base a harina de trigo integral.
✉ Caracoles 271
☎ 55 285 15 85
🌐 www.tierratodonatural.cl

La Casona (M)
Variedad de platos en un establecimiento bien montado. Sirven comida chilena muy sabrosa.
✉ Caracoles 195
☎ 55 285 13 77

Calama (55)

Caruso (C)
Restaurante elegante y oscuro, con un toque de bar con piernas.
✉ Eduardo Abaroa 1702
☎ 55 282 75 93

NORTE CHICO

Bahía Inglesa (52)

El Coral (M)
Pescados y mariscos frescos.
✉ Av. El Morro 564, Bahía Inglesa
☎ 52 231 91 60
🌐 www.coraldebahia.cl

La Serena (51)

Donde el Guatón (M)
Buena carta de carnes y pescados.
✉ Brasil 750
☎ 51 221 15 19

El Gran Gabito (C)
Buena cocina internacional en ambiente elegante.
✉ Av. Francisco de Aguirre 170
☎ 51 222 10 10
🌐 www.costareal.cl

Serena (M)
Bbuen pescado y parrilladas.
✉ Eduardo la Barra 614
☎ 51 221 19 62

Café del Patio (E)
Bonito café.
✉ Arturo Prat 470
☎ 22 235 28 65

Café do Brasil (E)
Café con terraza popular.
✉ Balmaceda 461
☎ 51 222 18 39

Coquimbo (51)

Bar-Pub "Babylon" (E)
Música en vivo en un ambiente juvenil.
✉ Santiago Aldunate 649
☎ 51 231 42 54

La Greda Maestra (M)
Restaurante especializado en pescados y mariscos. Ambiente juvenil.
✉ Melgarejo 932-A
☎ 51 231 46 76

Restaurante Chui Hang (M)
Buen restaurante chino.
✉ Melgarejo 920
☎ 51 232 44 15

El Viejo Bar Inglés (E)
Con tablas para picar en un ambiente de pub.

✉ Santiago Aldunate 669
☎ 994 90 13 82

Sole di Mare (M)
Sirve un buen pescado y diversos platos de cocina italiana.
✉ Av. Costanera, 3785
☎ 51 231 35 08

Copiapó (52)

Restaurante Ibérico (M)
Conjunción de comida española con chilena sin olvidar los mariscos y pescados.
✉ Av. Henríquez 771
☎ 52 221 20 38

Don Elías (E)
Familiar, cocina chilena. Precios increíbles y ambiente tradicional.
✉ Los Carrera, 421
☎ 52 236 41 46

Valle del Elqui (51)

Solar Villaseca (M)
Primer restaurante con energía solar del mundo (o al menos de Chile).
✉ Villaseca, a 8 km de Vicuña, dirección a Durazno
☎ 51 198 21 84

Montegrande (51)

El Mesón del Fraile (E)
Buen restaurante con terraza. Está situado enfrente de la casa de Gabriela Mistral.
✉ Calle Principal s/n
☎ 51 245 12 32

ARAUCANÍA Y LOS LAGOS

Coñaripe (63)

Calafquen (M)
Hospedaje con comida casera y buena terraza.
✉ Beck de Ramberga 761
☎ 981 28 17 31

Frutillar (65)

Oveja Negra (C)
Situado en el interior del hotel "Salzburg", con una más que evidente influencia austriaca.
✉ Camino Playa Maqui s/n
☎ 65 242 15 89

Guten Appetit (M)
Especialidades de tradición alemana; las mejores mesas son las que tienen vista al lago.
✉ Balmaceda 98
☎ 65 242 11 45

Club Alemán (C)
Muy buena comida alemana, chilena e internacional.
✉ Philippi 747
☎ 65 242 12 49

Futrono (63)

Don Floro (E)
Gran restaurante rústico situado al lado de la carretera. Desde algunas mesas se disfruta de vistas al lago.
✉ Balmaceda 965
☎ 65 248 13 83

Osorno (64)

Donde el Gringo (E)
No tan turístico como sugiere el nombre. Instalado en un bonito y antiguo edificio de madera.
✉ Av. Juan Mackenna 1027
☎ 64 224 27 97

Panguipulli (63)

La Escuela (E)
Restaurante del Liceo Gastronómico; una buena práctica para los alumnos y una buena ocasión de probar comidas hechas con aplicación. Abre durante el verano austral.
✉ Martinez de Rosas 880
☎ 63 231 24 96

Valparaíso (E)
Especialidad en carnes.
✉ Gabriela Mistral 78
☎ 997 43 08 68

Gardy Lafquén (E)
Ofrece una sencilla comida chilena.
✉ Martínez de Rozas 722
☎ 63 231 09 21

Pucón (45)

Puertopucón (C)
Local alegre con toque italiano. Buena cocina internacional.
✉ Fresia 246
☎ 45 244 15 92

Restaurantes típicos:

Un **quincho** (casa de cañas y barro), local equivalente a "chiringuito", es un restaurante rústico en el que se suelen preparar asados o empanadas.
Las **picadas** (dígase *"picáas")* son la modalidad más común de restaurantes rápidos. En ellas se puede pedir platos sencillos o sándwiches, casi siempre de carne, muy variados: los hay con nombres de presidente chilenos como *Barros Luco* (lomo de vacuno y queso) o *Barros Jarpa*, que equivale a nuestro "mixto" (jamón y queso). Un *Lomito* lleva lomo de cerdo con palta (aguacate), tomate o mayonesa. Un *Chacarero* consta de lomo de vacuno con tomate y porotos (judías) verdes. El *Italiano* es salchicha con palta, tomate y mayonesa. El *Completo* es un hot dog con todo: palta, ketchup, mostaza, chucrut, tomate y mayonesa. Si el completo es de carne picada, se llama *"As"*.
El **Café con Piernas,** es un café "al paso", con las extremidades inferiores de las camareras a la altura de los ojos de los clientes.

Mariscos

Se dice que, por la fría corriente de Humboldt y la profundidad del mar, Chile produce inmejorables mariscos de gran tamaño: erizos, piures, lapas, cangrejos o jaibas, pibres, picorocos, locos, machas... Estos dos últimos, por ejemplo, son únicos en el mundo. Entre los muchos platos de la cocina nacional, habría que probar los ostiones (vieiras) gratinados, el caldillo de congrio, la empanada de mariscos, el chupe de locos, la paila (sopa) marina...

Hostería Milla-Rahue (M)
Buena cocina tradicional de carnes y pescados en pleno centro.
O'Higgins 460
45 244 16 10

La Cocina de la Abuela (M)
Simpático sitio, comida basada en las especialidades tanto regionales como internacionales.
Lincoyán 348
45 244 43 13

La Tetera (C)
Casa de huéspedes con restaurante de suizo-chilenos.
Gral. Urrutia 580
45 246 41 26
www.tetera.cl

Puerto Montt (65)

Brasas del Yates (C)
Restaurante cercano al puerto Club de Yates, especializado en carnes; tiene excelente selección de vinos.
Av. Angelmó 2134
65 225 20 00

El Cuento del Mar (M)
Enfrente del mercado pesquero. Restaurante especializado en mariscos y carnes.
Av. Angelmó 2476
65 227 15 00

Da Alessandro (M)
Alegre restaurante italiano.
Rengifo 815
65 228 28 12
www.daalessandro.cl

Rancho Patache (E)
Sencillo restaurante de decoración marítima y ambiente familiar. Está especializado en pescados y mariscos.
Av. Angelmó esq. Martí 6
998 82 60 09

Dresden (E)
Café que mantiene la tradición de los inmigrantes alemanes.
Antonio Varas 500
65 225 00 00

Puerto Varas (65)

Chamaca Inn (E)
Sencillo restaurante de decoración marítima. Situado en el segundo piso del mercado.
Del Salvador s/n
65 223 28 76

Mediterráneo (C)
Sitio moderno a la moda europea, comida internacional, bonita terraza.
Sta. Rosa 68
65 223 72 68

Las Buenas Brasas (M)
Ambiente familiar en casa de madera muy agradable. Elegante presentación de los platos: carnes, pescados y mariscos. Tienen una tienda de artesanía con productos locales.
San Pedro 543
65 223 41 54
www.lbb.cl

Temuco (45)

El Criollito de Armando (C)
Un clásico en Temuco gracias a la buena fama que tiene su bodega.
Av. San Martín 0250
45 291 13 70

Don Jeyo (E)
Ofrece menús típicos: curanto, mariscal, paila marina, pastel de choclo.
Diego Portales 945, Mercado Modelo
45 221 43 35

Villarrica (45)

Yachting Kiel (C)
Restaurante del yachting club; cocina tradicional bien presentada.
General Korner 153
45 241 16 31

Mesa del Mar (M)
Restaurante con una tendencia hacia lo moderno mezclada con un toque autóctono. Pescados y mariscos.
Gerónimo de Alderete 835
45 241 95 15
www.mesadelmar.cl

Club Social El Colonial (E)
Situado en el segundo piso, alternativa autóctona al ambiente de veraneantes general. Buen pescado.
Av. Pedro de Valdivia 640
994 98 93 62

El Marítimo (E)
Gran variedad de platos chilenos en un ambiente familiar.

Carnes

Cada región de Chile tiene su carne especial. En el altiplano, *carne de llama,* rica en proteínas y bajo contenido graso, por lo que no incide en la formación del colesterol.
En la región central, la *"carne plateada"* es un corte de carne de vacuno, hacia la sobrecostilla, con forma alargada y aplanada. El secreto de su preparación (en cacerola, horno o parrilla) es una prolongada maceración en adobo y una larga y lenta cocción.
En Patagonia, el *asado al palo,* cordero o vacuno abierto en un armazón de palos y asado al fuego.
Un *"bistec a lo pobre",* siempre es de mucho alimento: carne con papas, cebolla, huevos e incluso arroz.

✉ Gerónimo de Alderete 769
☎ 45 241 26 47

Valdivia (63)

Camino de Luna (M)

Restaurante de ambiente familiar con famosas parrilladas pero sin desdeñar los pescados y los mariscos frescos.
✉ Av. Prat s/n
☎ 63 221 37 88

Nápoles (M)

Buen sitio para mariscos, centollas, o camarones al pil-pil.
✉ Yungay 425, Mercado Municipal, Local 209
☎ 63 221 61 00

Eventos de los Ríos (M)

Restobar situado en la calle de los bares en un edificio de madera. Con una amplia carta de carnes y pescados.
✉ Esmeralda 654
☎ 63 220 18 16

Haussmann (E)

Picada que sirve especialidades alemanas, kúchenes, los famosos crudos de Valdivia, todo regado con una buena cerveza local.
✉ O'Higgins 394
☎ 63 221 38 78
🖱 www.haussmann.cl

Chiloé (65)

Ostras Caulín (C)

El clásico, casi no sirven otra cosa que ostras.
✉ A 8 km de Chacao
☎ 996 43 70 05,
🖱 www.ostrascaulin.cl

La Colorina de Caulín (C)

Ostras, mariscos, pescado fresquísimo. También tienen cabañas.
✉ A 9 km de Chacao
☎ 992 36 26 67
🖱 www.caulinlodge.cl

Balai (C)

Amplio y moderno.
✉ Pudeto 199, Ancud
☎ 65 262 90 89
🖱 www.hotelbalai.cl

El Embrujo de Chiloé (E)

Café y deliciosos kuchenes.
✉ Maipu 650, local 3. Ancud
☎ 953 66 87 39

Las Araucarias (C)

En la Hostería de Castro.
✉ Chacabuco 202
☎ 65 263 23 01

Don Octavio (E)

Palafito en un sitio encantador, cocina chilota.
✉ Av. Pedro Montt 261, Castro
☎ 65 263 28 55

Camahueto (E)

Un pub-restaurante con cocina creativa con la particularidad de ofrecer buena música en vivo.
✉ Blanco Encalada 350. Castro
☎ 65 253 49 43

La Brújula del Cuerpo (E)

Picada y grill en la plaza.
✉ O'Higgins 308
☎ 65 263 32 29

El Viajero (E)

En una fuente de soda se come algo ligerito y rápido, estilo sándwiches.
✉ O'Higgins 870. Castro
☎ 65 263 51 72

Quellón

Corcovado (M)

Especialidades en pescados y mariscos, a la orilla del mar.
✉ Balneario Punta de Lapas s/n
☎ 65 268 36 88

El Chico Leo (E)

Restaurante de comida casera del hotel homónimo.
✉ Pedro Montt 325
☎ 65 268 15 67

CARRETERA AUSTRAL

El Quijote (E)

Bar rústico, amable servicio, chimenea, cocina según lo disponible.
✉ Bernardo O'Higgins 42, Chaitén
☎ 976 54 98 41

El Refugio (E)

Local con bonitas vistas al mar y al muelle.
✉ Juan Todesco 2, Chaitén
☎ 65 273 15 73

Ensalada chilena

Consiste en tomates (pelados), cebolla (ají verde, opcional), se aliña con sal y aceite, a veces también limón. El más típico entremés es "pebre cuchareado", un aliño de ensalada con cilantro, ajo y limón.

Casona (C)
Sabrosas cazuelas, carnes a la parrila y buenos pescados.
✉ Obispo Vielmo 77. Coyhaique
☎ 67 223 88 94

Las Piedras (M)
Sitio rústico, comida típica de la Patagonia.
✉ 21 de Mayo 655. Coyhaique
☎ 67 223 07 01

Cafetería Alemana (E)
Buenos Kuchen y un calor acogedor para un descanso de la lluvia.
✉ Condell 119
☎ 67 223 17 31

El Toro (E)
Se trata de un restaurante de ambiente familiar que sirve menús al mediodía y que con la llegada de la noche ofrece actuaciones en vivo.
✉ Pto. Aisén, Eleuterio Ramírez 353. Puerto Aisén
☎ 977 51 29 57

Puerto Natales (61)

Charles Darwin (C)
Elegante restaurante de hotel; "Haute Cuisine" con ingredientes principalmente patagónicos.
✉ Manuel Bulnes 90
☎ 45 244 16 17

Los Pioneros (M)
Cerca de los lugares turísticos, pescado fresco y bueno.
✉ Pedro Montt 166
☎ 61 241 07 83

Don Jorge (M)
En la plaza, parrilla rústica que sirve un buen cordero.
✉ Bories 430
☎ 61 241 09 99
www.parrilladonjorge.cl

Angelica's (C)
Pastas artesanales, mariscos y pescados frescos.
✉ Bulnes 501
☎ 61 241 03 65

Patagonia Dulce (E)
Una buena cafetería.
✉ Barros Arana 233
☎ 61 241 52 85

Punta Arenas (61)

Sotito's Bar (C)
Excelente restaurante con cocina, local y servicio distinguidos.
✉ O'Higgins 1138
☎ 61 224 35 65
www.sotitos.cl

La Tasca (M)
Supuesto restaurante español en la plaza. Cocina creativa, atmósfera alegre.
✉ Pl. Muñoz Gamero 771
☎ 61 224 28 07

La Luna (M)
Cocina alternativa, siempre está lleno de gringos.
✉ O'Higgins 1017
☎ 61 222 85 55

Beagle (C)
Clásico. Menú variado.
✉ O'Higgins 1017
☎ 61 222 96 32

Lomit's (E)
La picada más popular.
✉ Jose Menéndez 722
☎ 61 224 33 99

Las onces

Quizás sea la "colación" más profundamente chilena, y no hacen precisamente referencia a la hora del reloj. Equivalen, no solo por horario sino también por contenido, a nuestra "merienda", pero se llaman "once" porque esa era la disculpa que, sin mentir, daban los huasos para hacer su escapada de manera intempestiva hacia la taberna. Como dato curioso... once son las letras de la palabra aguardiente.

Vinos chilenos

Aunque la producción vinatera chilena tiene una larga tradición colonial, los vinos chilenos han empezado a estar siempre presentes en el mercado europeo. Los mejores viñedos de Chile se concentran en regiones del centro del país: *Maipo, Maule, Curicó, Rapel,* y el más reciente, *Casablanca,* rey de los blancos. Los vinos blancos (Sauvignon Blanc y Chardonnay rebajado con Colombard) son frescos y afrutados. Los mejores tintos son de cepas Cabernet Sauvignon, Merlot y Carménère. Esta última uva es originaria de Chile, ya que la europea quedó exterminada por la filoxera en el siglo XIX.

La Fábrica (E)
Buena comida rápida.
✉ Avd. General José Ignacio Zenteno, 0298
☎ 61 223 06 57

Coffee Net (C)
El cibercafé más grande y el mejor café de la localidad de Punta Arenas.
✉ Waldo Seguel 670
☎ 61 224 34 63

Porvenir (61)

Hotel Rosas (M)
Buen restaurante del hotel del mismo nombre.
✉ Bernardo Phillipi 296
☎ 61 258 00 88

Hotel España (E)
Situado en el hotel, sirve comida sencilla y sabrosa.
✉ Croacia 698
☎ 61 258 01 60
www.hotelespana.cl

Alojarse

SANTIAGO (2)

Providencia

Galerías (C)
Hotel céntrico, en un edificio de 6 pisos cerca de Alameda.
San Antonio 65
22 470 74 00
www.hotelgalerias.cl

Riviera Hotel (M)
Detrás de la Biblioteca Nacional y con vista al Cerro Santa Lucía. Tiene apartamentos hasta para 5 personas.
Miraflores 106
22 633 11 76
www.rivierahotel.cl

Foresta (C)
Es un hotel que guarda el preciado estilo francés tan admirado por turistas europeos.
22 639 62 61
www.forestahotel.cl

Londres 35 (M)
Hotel antiguo; las ventanas de las habitaciones dan a un pasillo; lo mejor es su ubicación en calle peatonal tranquila y céntrica.
Londres 35
22 638 39 39
www.hotelplazalondres.cl

Andes Hostel (M)
Hostel de ambiente juvenil en el barrio de Bellas Artes; hay habitaciones compartidas y normales dobles o individuales, con baño compartido o privado; todo muy limpio; la mejor alternativa si se busca un alojamiento económico.
Monjitas 506
22 632 99 90
www.andeshostel.com

Providencia

Santiago Park Plaza Hotel (C)
Un clásico en el que el lujo es natural, buena relación precio/servicios.
Av. Ricardo Lyon 207
22 372 40 27
www.parkplaza.cl

Río Bidasoa (C)
Bonito hotel de estándar internacional en la Comuna de Vitacura; cuidado jardín con piscina, luminosas habitaciones, distinguido restaurante.
Vitacura 4873
22 242 15 25
www.hotelbidasoa.cl

Hotel Orly (C)
En pleno centro del barrio Providencia, un hotel de estilo francés con excelente servicio.
Av. Pedro de Valdivia 027
22 630 30 00
www.orlyhotel.com

Bellavista Hostel
Sencillo hotel para mochileros en pleno centro nocturno.
Dardignac 0184
22 899 71 45
www.bellavista.hostel.com

CHILE CENTRAL

Valparaíso (32)

Hotel Ultramar (C)
Un edificio antiguo con hipermodernas soluciones arquitectónicas; a pesar de estar algo escondido, merece la pena recorrer el camino hasta allí para deleitarse con sus espectaculares vistas.
Pérez 173, Cerro Cárcel
32 221 00 00
www.hotelultramar.com

The Grand House (C)
Cómodo "Bed & Breakfast" en un barrio tranquilo, y que también goza de unas buenas vistas.
Federico Varela 27, Cerro La Cruz
32 221 23 76
www.thegrandhouse.cl

Casa Carrasco Bed & Breakfast (C)
Casona antigua en el Cerro Concepción, con unas vistas inmejorables. Habitaciones amplias y baños en el pasillo. Las vistas nocturnas desde la terraza merecen la pena.
Abtao 668
32 221 07 37
www.bedandbreakfast-carrasco.cl.

Hostal Caracol (M)
Una casita recién reconvertida en un simpático hostal.
Cerro Bellavista, Héctor Calvo 371
32 239 58 17

Hotel Rincón de Valparaíso (E)
Casa reformada entre los Cerros Cárcel y Concepción.
Atahualpa 333
32 249 11 04

Viña del Mar (32)

Hotel Bohio (M)
Acogedor y cómodo.
3 Poniente 70
32 247 85 76
www.hotelbohio.cl

Precios

En general, las categorías hoteleras el Chile son algo menos estrictas que las europeas, y no existe una regulación oficial por medio del sistema de estrellas. La calidad y el nivel de servicios, considerando también la relación precio-calidad, se indica al viajero mediante el siguiente baremo:

E: Menos de 30 €
M: De 30 a 50 €
C: Más de 50 €

Chillán (42)

Los Cardenales (M)
Hotel cuidado, buenas camas y buena relación precio-calidad. A 1 km del centro.
Bulnes 34
222 42 51
www.hotelloscardenales.cl

Concepción (41)

Hotel Terrano (C)
Hotel de estilo internacional, amplias habitaciones, excelente servicio.
Av. Libertador Bernardo O'Higgins 340
32 224 00 78
www.hotelterrano.cl

NORTE GRANDE

Arica (58)

Hotel Plaza Colón (M)
Buen hotel estilo (neo)colonial, al pie del morro y a una cuadra de la plaza.
San Marcos 261
58 258 57 01

Hotel Saint Gregory (M)
Apartado del centro, en la costa; hotel de mucho trasiego y con karaoke por las noches. Se encuentra en un sitio bonito y tiene ventajas si se viaja en coche.
Av. Comandante San Martín 1020
58 223 27 45
www.hotelsaintgregory.com

Los hoteles y hostales recomendados tienen todos baño en las habitaciones y, normalmente, son de buena calidad. Los precios siempre incluyen el desayuno.
Algunos de los hoteles de categoría elevada –a partir de las 3 estrellas– descuentan el IVA, si se paga en dólares (no necesariamente en efectivo). Merece la pena preguntar, pero el turista no puede exigir este descuento.

Iquique (57)

Hotel Arturo Prat (C)
Buen hotel clásico en pleno centro de la ciudad.
Aníbal Pinto 695, Plaza Prat
57 2366 401
www.terrado.cl

Hotel de la Plaza (M)
En una casa colonial muy bonita, con aires de museo.
Baquedano 1025
57 241 71 72

Putre (58)

Las Vicuñas (C)
Hostería en las afueras, habitaciones correctas, wifi y restaurante.
Baquedano 80.
58 223 10 28

Calama (55)

Park Hotel Calama (C)
Un buen hotel lujoso, pero en las afueras. Tiene amplias habitaciones, piscina y servicio muy atento.
Av. Alcalde José Lira
55 271 58 00
www.parkcalama.cl

Hotel Mirador (C)
Aunque en pleno centro, hotelito tranquilo, muy bonito y cuidado. Servicio muy amable.
Sotomayor 2064
55 234 03 29
www.hotelmirador.cl

San Pedro de Atacama (55)

Lodge La Aldea (C)
Un oasis dentro del oasis, con todo tipo de lujos y piscina.
Ckilapana 69 B Solcor
55 285 11 49
www.hotelaldea.cl

La Casa de Don Tomás (C)
Bonita casa de adobe, excelentes instalaciones, buen servicio.
Tocopilla s/n
55 285 10 55
www.dontomas.cl

Hotel Tulor (C)
Inspirado en el sitio arqueológico de Tulor, con estancias circulares, el hotel ofrece toda tipo de comodidades. Restaurante de calidad.
Domingo Atienza 523
55 285 10 63
www.sanpedroatacama.com/h-tulor.htm

Hostal Vilama (C)
Ubicado en un lugar muy tranquilo y con un buen ambiente familiar.
Lascar 346
55 256 51 69

Hotel Corvatsch (M)
Buen hotelito, tan alternativo como todo el pueblo; tienen además una agencia de viajes y un hotel residencial en otra dirección.
Licancabur 191
55 285 11 01
www.corvatschchile.cl

Antofagasta (55)

Panamericana Hotel Antofagasta (C)
Gran hotel en el puerto, cercano a la plaza.
Balmaceda 2575
55 228 88 11
www.panamericanahoteles.cl/antofagasta-html

NORTE CHICO

Caldera (52)

Hotel Montecarlo (M)
Trato amable en un edificio con un bonito patio y habitaciones sencillas, pero cuidadas.
Carvallo 627
52 231 53 88
www.hotel-montecarlo.cl

Coquimbo (51)

Apart Hotel Peñuelas (C)
Aparthotel confortable con vistas a la playa; piscina.
- Av. Los Pescadores 5050
- 51 224 42 37
- www.vistaplaya.cl

Nomade (M)
Hostal internacional animado, en una bonita casa del Barrio Inglés.
- Regimiento Coquimbo 5
- 51 232 98 13
- www.hostalnomade-coquimbo.cl

La Serena (51)

Hotel Francisco de Aguirre (C)
Tranquilo y muy céntrico, un hotel con estilo y buen ambiente.
- Cordovez 210
- 51 222 29 91
- www.hotelfrancisco-deaguirre.com

Hotel y Cabañas "Mar de Ensueño" (C)
Gran hotel playero que además ofrece 10 amplias cabañas; cuenta con jardines y piscina.
- Av. del Mar 900
- 51 222 23 81
- www.hotelmarensueno.com

Londres (M)
En zona peatonal; agradable, amplio y con cierto estilo.
- Cordovez 550
- 51 221 90 66
- www.hotellondres.cl

Hotel Los Balcones de Aragón (C)
Pequeño hotel urbano, trato familiar.
- Cienfuegos 289
- 51 221 24 19
- www.losbalconesde-aragon.cl

Hotel Serena Centro (M)
Edificio de estilo colonial con bonito patio.
- Brasil 476
- 51 221 51 93
- www.hotelserenacentro.cl

Valle del Elqui (51)

Halley (M)
Cómodo hotel situado en el centro del pueblo, en un edificio colonial reformado. Entre sus instalaciones dispone de piscina y de un buen restaurante.
- Gabriela Mistral 542
- 51 241 20 70
- www.turismohalley.cl

El Galpón (C)
Confortable hotel con cabañas a 1 km de Pisco Elqui, con grandes jardines y piscina.
- Fundo La Jarilla, Pisco Elqui
- 51 198 25 54
- www.elgalpon-elqui.cl

Elqui Domos (C)
Un sitio increíble, unos lofts astronómicos en un jardín-parque. Se duerme en "domos", unas tiendas de lujo con vistas al cielo estrellado; cada "domo" dispone de telescopio.
- Camino Público Pisco Elqui-Horcón, km 3.5, Sector Los Nichos s/n
- 977 09 28 79
- www.elquidomos.cl

Alojamientos económicos
En todo el país existe la posibilidad de alojarse en establecimientos a precios módicos. Los residenciales y casas de hospedaje son viviendas familiares adaptadas para recibir huéspedes.
La falta de lujo se compensa con la cordialidad. En las terminales de autobuses y aeropuertos hay gente que ofrece estos alojamientos. Siempre es recomendable cerciorarse del precio antes de pagar la cuenta.
Las cabañas son una de las formas más baratas de alojamiento cuando se viaja en grupo.

LA ARAUCANÍA

Coñaripe (63)

Hotel Elizabeth (M)
La primera impresión es que se trata de una casa de cazadores. Hotel rústico bien cuidado. Muy buena cocina; tiene panadería propia.
- Guido Beck de Ramberga 496
- 63 231 72 79
- hotel@hotelelizabeth.cl

Harris Hotel (C)
Situado en la orilla norte del lago Calafquén (21 km desde Coñaripe); es un clásico de

origen alemán con excelentes vistas, sobre todo por las noches, ya que está situado en la lago mismo. También ofrece cabañas.
✉ Manquel 105, Sector Playa Chica, Lican Ray
☎ 63 243 15 43
www.hotelharris.cl

Curacautín (45)

Hostería Suizandina (C)
Lujosa casa rural que dispone también de cabañas. Ofrecen numerosas actividades: alquilan bicis, esquís y organizan excursiones de trekking.
✉ Km 83 Camino Internacional
☎ 998 84 95 41
www.suizandina.com

Termas de Tolhuaca (C)
Un buen hotel repartido por varios pabellones. Dispone de restaurante y acceso directo a las maravillosas termas. Está situado en plena naturaleza.
✉ A 33 km de Curacautín. Calama 240
☎ 45 288 12 12
www.termasdetolhuaca.cl

Las Cabañas

Las Cabañas son una de las formas más populares de hospedaje que eligen los chilenos en vacaciones. Es un tipo de alojamiento que pide coche. Son casitas con uno o dos dormitorios, cocina y salón con equipamiento estándar. En zonas de vacaciones (lagos, playas) muchos hoteles disponen de cabañas para alquilar. Normalmente, se alquilan por semanas, a precios especiales, pero si no están llenos, también es posible quedarse solo una noche.
Los precios varían según temporada. Se considera temporada alta los meses de enero y febrero y la Semana Santa.

Frutillar (65)

Frau Holle (C)
Parece directamente copiado del cuento de los hermanos Grimm al que refiere su nombre. Atención familiar, comida selecta y abundante, y vistas de postal.
✉ Antonio Varas 54
☎ 65 242 13 45
www.frauholle-frutillar.cl

Cabañas y Hostería "Laguneclub" (C)
A tres km al norte de Frutillar, en la orilla del lago, esta antigua casona convertida en hotel de campo cuenta con muchísimo espacio para relajarse, y también piscina.
✉ Camino a Los Bajos, km 3
☎ 65 233 00 33
www.laguneclub.com

Trayen (E)
Hostería privada en el edificio de una pastelería que crea adicción. Muy cuidada y buenas camas, con vistas al lago.
✉ Av. Philippi 963
☎ 65 242 13 46

Panguipulli (63)

Hotel Riñimapu (C)
Cómodo lodge situado en el río San Pedro, en el extremo oeste del lago Riñihue, a unos 17 km al sur de Panguipulli, en un entorno natural intacto.
✉ Desagüe Lago Riñihue s/n
☎ 63 231 13 88
www.rinimapu.cl

Hostal España (E)
Pequeño hostal en el centro de la localidad.
✉ Libertador Bernardo O'Higgins 790
☎ 63 231 11 66

Pucón (45)

Gran Hotel Pucón Resort & Club (C)
Gran hotel de lujo en pleno centro de la ciudad, tiene piscina, casino y mucho más.
✉ Clemente Holzapfel 190
☎ 600 700 60 00
www.enjoy.cl

Hotel Huincahue (C)
Pequeño hotel situado frente a la plaza y muy cerca del lago Villarrica; tiene piscina y amplias habitaciones.
✉ Pedro de Valdivia 375
☎ 45 244 27 28
www.hotelhuincahue.com

Hostal Willy (M)
Bonita casa de madera, céntrica, atención personalizada.
✉ Arauco 560
☎ 45 246 32 30

Hotel Gerónimo (C)
Hotel bueno, habitaciones cuidadas, a una cuadra (manzana) del lago. Restaurante.
✉ Gerónimo de Alderete 665
☎ 45 244 37 62
www.geronimo.cl

Puerto Montt (65)

Gran Hotel Vicente Costanera (C)
Moderno edificio en la costanera, con vistas al mar.
✉ Av. Diego Portales 450
☎ 65 228 29 95
www.granhotelvicente-costanera.cl

Burg (M)
Hospitalidad alemana, muy confortable, y vistas al mar.
✉ Pedro Montt 56, esq. Av. Diego Portales
☎ 65 225 39 42

Puerto Varas (65)

Hotel Licarayen (C)
Hermosa casa de madera cerca de la orilla del lago. Algunos baños con hidromasaje.
✉ San José 114
☎ 65 223 23 05
www.hotelicarayen.cl

El Greco (C)
Una antigua casona alemana, repleta de cuadros, habitaciones acogedoras y trato familiar. Totalmente renovada y con muchas comodidades.
- Mirador 134
- 65 223 38 80
- www.hotelgreco.cl

Temuco (45)

Hotel Bayern (C)
Hotel tradicional que ofrece todos los servicios que se puedan necesitar. Además, es muy céntrico.
- Av. Arturo Prat 146
- 45 227 60 001
- www.hotelbayern.cl

Montt (E)
Hostal renovado. Está en un lugar muy céntrico y el trato es familiar.
- Manuel Montt 637
- 45 298 24 88

Valdivia (63)

Hotel Naguilan (C)
A unos 10 minutos del centro, en el antiguo puerto, una mansión tradicional al estilo europeo del siglo XIX, decorada con todo lujo de detalles y mucho estilo. Vistas al río Valdivia, piscina y embarcadero propio.
- General Lagos 1927
- 63 221 28 51
- www.hotelnaguilan.com

Hotel Di Torlaschi (M)
Cabañas urbanas con cocina en pleno centro de la ciudad. Una buena elección para quienes viajen con niños.
- Yerbas Buenas 283
- 63 222 41 03
- www.hotelditorlaschi.cl

Río de Luna (C)
Hostal en la costanera, próximo a la estación de autobuses.
- Av. Arturo Prat 695
- 63 225 33 33
- www.hostalriodeluna.cl

Albergues juveniles

Hostelling International engloba a la Asociación Chilena de Albergues Turísticos Juveniles, aunque tienen oficinas independientes:
HI Chile (Hernando de Aguirre 201, Of. 401, Providencia, Santiago de Chile; telf. 22 411 20 50).
Asociación Chilena de Albergues Turísticos Juveniles (Hernando de Aguirre 201 Of. 602, Providencia, Santiago de Chile; telf. 22 411 20 50; hostelling@hostelling.cl; www.hostelling.cl).
Hostelling International Santiago ofrece como alojamiento el *Hostel Cienfuegos* (Cienfuegos 151; 22 671 85 32; Santiago Centro), info@hostelling.cl; www.hostelcienfuegos.cl.

Villarrica (45)

Cabañas Los Guindos (C)
Cabañas muy bien equipadas con jardines, piscina, acceso al lago, vistas al volcán.
- Carretera Villarrrica-Pucón, km 5 4,5-Pucón
- 45 241 21 45
- www.cabanaslosguindos.cl

Cabañas y Hostería Los Cisnes (C)
Casa familiar a la orilla del lago, tranquila, un poco apartada del centro.
- Arturo Prat 631
- 996 43 15 14
- www.cabanasloscisnes.cl

Hornopirén (65)

Hostería Catalina (M)
Bonito lodge con estufa para poder secarse de la lluvia austral.
- Ingenieros Militares s/n
- 65 221 73 59

CHILOÉ Y PATAGONIA AUSTRAL

Ancud (65)

Panamericana Hotel Ancud (C)
Buen servicio en una casa que cuenta con vistas al mar.
- San Antonio 30
- 65 262 23 40
- www.panamericanahoteles.cl/ancud-html

Hotel Galeón Azul (C)
Todo llevará al viajero a pensar que se encuentra dentro de un robusto galeón, con inigualables vistas al golfo de Ancud. Trato familiar y ambiente acogedor.
- Libertad 751
- 65 262 25 67
- www.hotelgaleonazul.cl/galeon/

Castro (65)

Unicornio Azul (M)
Llamativa arquitectura y colores atrevidos los de este edificio escalonado en el monte y situado frente al mar.
- Av. Pedro Montt 228
- 65 263 23 59
- www.hotelunicornioazul.cl

Campings

Chile tiene una excelente infraestructura de campings por toda su geografía.
Para informarse detalladamente, lo mejor es preguntar en las oficinas del *Sernatur*. Información completa de todos ellos y buenos mapas ruteros hay en el cuarto tomo de la guía turística oficial, *Chiletur*.

Agroturismo, turismo rural

Las modalidades de turismo en la naturaleza son múltiples en Chile: ecoturismo, turismo deportivo, turismo aventura, etnoturismo... Sin embargo, la forma más ecológica de entrar en contacto con el campo chileno es el turismo rural.
En todo el país hay casas de labradores y haciendas que permiten compartir la vida cotidiana y acercarse a las tradiciones del país. Además, hay muchas redes privadas de casas rurales, de las que se puede obtener información en las oficinas turísticas de cada región. En Chiloé, esta modalidad se llama *Agroturismo* y tiene una excelente organización. Las direcciones de sus casas se ofrecen en *www.chiloe.cl.*

Hostal Quelcun (E)
Sencillo y con calefacción.
✉ San Martín 581
☎ 65 263 23 96
🖱 www.hostalyturismo-quelcun.cl

Chonchi (65)

Hotel y Cabañas Huildin (E)
Casa antigua de madera, muy amplia, que también dispone de cabañas.
✉ Centenario 102
☎ 65 267 13 88
🖱 www.hotelhuildin.com

Quellón (65)

Los Suizos (M)
Sitio muy limpio y acogedor; que además tiene un buen restaurante.
✉ Ladrilleros 399
☎ 65 268 17 87
🖱 hotellossuizos.blogspot.com.es

Puyuhuapi (67)

Casa Ludwig (C)
Antigua casa de colonos, hospedaje familiar.
✉ Av. Otto Uebel 202
☎ 67 232 52 20
🖱 www.casaludwig.cl

El Pangue Lodge (C)
Acogedor lodge que cuenta con cabañas, sauna y piscina. Se contratan excusrsiones.
✉ Carretera Austral Km 240. Ribera Norte Lago Risopatrón
☎ 67 252 69 06
🖱 www.elpangue.cl

Cochrane (67)

Residencial Sur Austral (E)
Acogedor residencial.
✉ Av. Prat 334
☎ 67 252 21 50

Chaitén (65)

Llanos (E)
Hostería bien cuidada en el alto encima del pueblo; tiene sauna y restaurante; agradable ambiente familiar.
✉ Av. Corcovado 378
☎ 65 273 13 32

Don Carlos (E)
Hospedaje sencillo y sin baños individuales, pero con instalaciones muy limpias y un servicio familiar amable. Cocina casera.
✉ Almirante Riveros 53
☎ 65 273 12 87

Coyhaique (67)

El Reloj Hotel Restorán (C)
Pequeño hotel muy tranquilo. Sus instalaciones son confortables. Bien reformado, y con un restaurante de categoría.
✉ Av. Baquedano 828
☎ 67 223 11 08
🖱 www.elrelojhotel.cl.

Patagonia Los Alamos (C)
Confortables cabañas a las afueras de la ciudad, casi en plena naturaleza.
✉ Av. Baquedano 3125
☎ 67 223 25 74
🖱 www.patagonialosalamos.cl

Hotel y Apart Hotel Austral (M)
Moderno hotel con servicio amable.
✉ Colón 203
☎ 67 223 25 22
🖱 www.hotelaustral.cl

Hostal Viento del Sur (E)
Casa familiar con buen ambiente y en muy buen estado de conservación.
✉ Obispo Vielmo 71
☎ 67 223 27 07
🖱 www.hostalvientosur.cl

Puerto Chacabuco (67)

Loberias del Sur (C)
El lujo de este hotel y la vista a la bahía recompensan la cercanía de la industria pesquera.
✉ Jose Miguel Carrera 50
☎ 67 235 11 12
🖱 www.loberiasdelsur.cl

Punta Arenas (61)

Hostería Mirador del Payne (C)
Lujosa hostería situada en la antigua Estancia Lazo, apartada de los caminos transitados, y con unas vistas, como deja entrever su nombre, inmejorable.
✉ Este de la Laguna Verde
☎ 61 222 87 12

Cerro Guido (C)
Un alojamiento tranquilo y exclusivo a 28 km al norte de la entrada al Parque Nacional Torres del Paine.
☎ 965 88 13 14

Carretera Austral

Adentrarse en la Carretera Austral requiere talante, tiempo y/o dinero. Las lluvias pueden bloquear el camino e impedir la excursión durante algunos días. Tómeselo con un poco de calma: no es raro encontrarse con viajeros apresurados que cuentan que, en una semana de viaje, solo han podido ver la carretera barrida por el limpiaparabrisas del vehículo.
En paisajes de ensueño no faltan los hoteles y lodges de alto estándar, y siempre se encontrará alojamiento si no se tienen muchas exigencias.
Si viaja en vehículo propio, asegúrese de llevar reserva de combustible. Los núcleos poblacionales principales guardan bastante distancia los unos de os otros: habrá que recordar que Chaitén, Puyuhuapi, La Junta, y Coyhaique son algunos de los centros de abastecimiento.

Hotel Las Torres Patagonia (C)

Al este del macizo se sitúa este gran complejo hotelero con cabañas y habitaciones lujosas, a las que no les falta detalle; spa, caballos para cabalgatas, guías y un restaurante excelente. Es el más cercano a la montaña, y uno de los alojamientos más recomendables.
☎ 61 261 74 50
🌐 www.lastorres.com

Hotel Posada 3 Pasos (M)

A medio camino entre Puerto Natales y Cerro Castillo. Lodge con habitaciones acogedoras; durante el día pasa todo el tráfico que se dirige al Parque Nacional por delante. Hay caballos.
☎ 996 44 58 62
🌐 www.hotel3pasos.cl

Hostería Lago Tyndall (C)

Alejado de los caminos frecuentados, para aquellos que gusten de la tranquilidad, rústico y con bonitas vistas. Precios elevados.
✉ Lago Tyndall
☎ 61 261 46 82
🌐 www.hoteltyndall.cl

Hotel Cabo de Hornos (C)

Bien reformado gran hotel de la década de 1960, al lado justo de la plaza.
✉ Plaza Muñoz Gamero 1039
☎ 61 271 50 01
🌐 www.hoteles-australis.com

Alberto de Agostini (C)

Moderno, agradable, céntrico y con buen restaurante.
✉ O'Higgins 632
☎ 61 241 57 25
🌐 www.kalenshen.com/chile

Hostal Maipú Street (M)

No muy céntrico, pero una buena casa, bien equipada, y también con calefacción.
✉ Maipú 1270
☎ 61 222 73 72
🌐 www.maipustreet.com

Hostal del Estrecho (M)

Sencillo pero digno.
✉ José Menéndez 1048
☎ 61 224 10 11

Porvenir (61)

Hotel España (E)

Aquí la sofisticación se cambia por la familiaridad, lo cual se agradece.
✉ Croacia 698
☎ 61 258 05 40
🌐 www.hotelespana.cl

Puerto Natales (61)

Altiplánico Sur (C)

Moderna arquitectura combinada con materiales autóctonos en este hotel situado a 3 km del centro, cerca del terminal del Skorpios. Vista a Última Esperanza.
✉ Huerto Familiar 282
☎ 61 241 25 25
🌐 www.altiplanico.cl

Kau Lodge (C)

Lodge rústico a tan solo cinco minutos de la plaza del pueblo, que ofrece aparcamiento gratuito. Es excelente su desayuno bufet. Posibilidad de contratar visitas guiadas y excursiones.
✉ Pedro Montt 161
☎ 61 241 46 11
🌐 www.kaulodge.com

Hospitalidad

De todos es sabido que en Magallanes y Tierra del Fuego la hospitalidad es proverbial. La vida solitaria y el trabajo duro provocan que los forasteros sean, por norma general, bienvenidos. Atrévase y, guardando las formas y a riesgo de que antes que usted haya llegado un turista impertinente, entre en alguna estancia que le surja al lado de la carretera, perdida en la llanura barrida por el viento. Aunque no sea un establecimiento hotelero (hay muchas que lo son), no se sentirá rechazado, conocerá a gente interesante, aprenderá muchas cosas, escuchará muchas historias y ganará amigos para toda la vida.

Compras

Santiago

En Santiago los principales **malls** son:
Alto Las Condes (Av. Presidente Kennedy 9001); Parque Arauco (Av. Presidente Kennedy 5413), Apumanque (Av. Manquehue Sur 31 esquina Av. Apoquindo). Mall Panorámico (Av. Nueva Providencia 2155), Mall del Centro (Puente 689, Santiago Centro).
Las principales ferias de artesanía:
La **Feria Artesanal Santa Lucía** (Alameda 510, esquina Carmen), en el centro. En la **feria del barrio de Bellavista** (Pío Nono/Santa María) hay surtido estándar más barato. En Bellavista hay muchas joyerías dedicadas al lapislázuli, pero hay que poner atención en no comprar amalgama sino piedra. Aunque alejado del centro, productos de alta calidad hay en el antiguo Pueblito Los Dominicos (Av. Nueva Apoquindo 9085).
Comprar en un mercado persa puede ser una interesante aventura. El mayor de todos es el **Mercado Persa Bío Bío** (Placer 880, metro Franklin, línea 2, abierto de lunes a domingo incluido festivos de 10 h a 19 h).
Un gran surtido de libros usados y económicos y toda clase de antigüedades ofrece la **Feria de Domingo** en el centro, cada domingo en el Paseo Estado entre Alameda y la Plaza de Armas.

Resto de Chile

Arica

La calle comercial de Arica es el Paseo 21 de Mayo. Otros establecimientos son el **Taller Artesanal San Marcos** (telf. 58 220 34 05, abierto de lunes a viernes de 9 h a 13 h y de 15 h a 17 h) y el Poblado Artesanal, al comienzo del Camino a Azapa, con productos de gran calidad. Cerca está el **Terminal Agropecuario,** que es un curioso mercado de productos agrícolas.

Iquique

El **Mall Zofri** (Edificio Convenciones s/n, Recinto Amurallado Zofri; 57 251 51 00) es sin duda el centro comercial más visitado de Iquique. Es interesante la Feria artesanal de Iquique (Vivar esquina Latorre).

Valparaíso y Viña del Mar

En Valparaíso están el mercado artesanal permanente (Av. Pedro Montt, esq. Las Heras), y la **Feria Libre** de la Av. Argentina que se instala los miércoles, sábados y domingos de 9 h a 18 h.
En Viña del Mar el comercio es más selecto. Buenos lugares de artesanía son el Portal Álamos (Av. Valparaíso/Quinta), la Galería Couve (Calle Valparaíso/ Plaza Sucre) y la Galería Lagomarsino (Arlegui/ Quinta).

Chillán

En los alrededores del Mercado de Chillán hay una de las mayores ferias artesanales de Chile, **Mall Patio Las Terrazas** (Constitución 664), Plaza El Roble (El Roble).

Concepción

Mall Plaza Trébol (Av. Jorge Alessandri 3177, de 10:30 h a 21.30 h).

Comercio

En los comercios de las zonas peatonales de las grandes ciudades es posible encontrar los mismos artículos que en Europa. Igualmente, en todos los barrios de Santiago y en casi todas las capitales hay gigantescos centros comerciales, "malls", con grandes almacenes, boutiques, locales de comida rápida y cines. Están abiertos generalmente hasta las 21 horas, también los sábados y domingos.

Antofagasta

Arte Miel (Eduardo Archard 1223), Artesanía La Perla Del Norte (Latorre 2398), Artesanías Patt's Angel (Mercado Municipal local 35).

La Serena

En el **Mercado La Recova de La Serena** (Cienfuegos con Cantournet) hay de todo lo que se produce en la región y objetos de combarbalita. Otras direcciones son **Artesanía Larrain** (Alcalde Larrain 2513) y **Arte Latinoamericano Aluna** (Aluna Balmaceda 824).

Temuco

Artesanía mapuche hay en la **Casa de la Mujer Mapuche** (Prat 283) y en el **Taller Artesanal Universidad Católica** (Av. Alemania 0422). Los malls de Temuco son: **Centro Comercial Temuco** (Av. Rudecindo Ortega 01738), **Mall Mirage** (Torremolinos 410).

Villarrica

Las enormes flores de madera se venden en las ferias de flores la **Municipalidad** de Villarrica y en la de Pucón. En **Tejidos Ray Ray** (Anfión Muñoz 386), se venden prendas de lana.

Valdivia

Feria artesanal Camino de Luna (Mercado Municipal), Galería Artesanal Arauco (Arauco 340). **Artesanía Ruca Indiana** (Camilo Henríquez 772). **Joya en Plata Carlos Ramírez** (Av. Arturo Prat s/n, Galería Artesanal local 15), **Artesanía El Pehuén** (Arauco 340,), Evolución (Camilo Henríquez 380).

Osorno

El **Pueblito Artesanal** de Osorno se extiende a lo largo de la calle Mackenna, donde están las casetas de la asociación Futahuillimapu.

Puerto Varas

Feria Artesanal de la **Plazuela del Vino.**

Puerto Montt

Feria artesanal de Angelmó y la **Feria Pueblito de Melipulli** (Av. Diego Portales s/n).

Chiloé

En Ancud se venden prendas de lana alrededor de la Plaza. También en las Ferias Artesanales de las Costaneras de Castro y Ancud.

Coihaique

Feria Artesanal en la **Plaza de Armas. Manos Azules** (Riquelme 435, Oficina 3).

Puerto Natales

Frente al ayuntamiento de Puerto Natales está la feria artesanal. También se puede encontrar artesanía en: **Ñandú** (Eberhard 301, telf, 61 241 43 82).

Punta Arenas

Artesanías Yoyi (21 De Mayo 1393). **Artesanía Taller La Lenga** (Kovacevich 0734), Austro (Bories 932 local 201), Chile Típico (Ignacio Carrera Pinto 1015), Ricla (Bories 779), Alderete Creaciones (Balmaceda 345).

Productos típicos, recuerdos y artesanía

Pueden encontrarse en todas las ciudades y centros turísticos. La lista sería tan alargada como el propio país. La mejor manera de hacerse una idea de la riqueza artesanal chilena es visitar la exposicion permanente del **Centro Cultural Palacio La Moneda** (Palacio de la Moneda, Santiago), donde hay una muestra completísima. En cada ciudad, la dirección más segura es el **Mercado Municipal,** relegados casi siempre a venta de artesanía y restauración por la presión de los malls y centros comerciales. Abundan las ferias artesanales y en muchos pueblos y ciudades las hay permanentes.
Entre los productos típicos que se pueden comprar, no hay que olvidar el **pisco** del Valle del Elqui y el buen **vino** chileno de la región central. **Conservas de papaya** de La Serena, **puré de castañas** y **manjar** se venden en todos los supermercados. Se recomienda **no comprar plantas** (cactus, palos de agua) **ni animales vivos,** pues puede haber dificultades en la aduana.

Rapa Nui

Feria Municipal (Atamu Tekena con Tu'u Maheke) Mercado artesanal (frente a la Iglesia).

Actividades para los niños

Actividades con niños

El turismo chileno está enfocado a la naturaleza del país. El turista interesado en animales, plantas y formaciones geológicas, tanto si es adulto como si no, disfrutará del viaje, porque no todos los días se ven volcanes, campos de lava, bosques llenos de espíritus y paisajes increíbles. Para los niños, si están introducidos y motivados en el tema, el viaje puede resultar una experiencia inolvidable. Si bien las playas no son recomendables, porque el océano es peligroso y la temperatura del agua fría, en todas las termas y parques de atracciones hay piscinas infantiles. Los turistas que viajen por el país con pequeños deben saber que las distancias son enormes.

Entretenciones

La palabra chilena "entretención" designa lugares u objetos para entretenimiento. Generalmente, donde hay "entretenciones", hay gran probabilidad de que haya espacios infantiles.

Museos históricos

Los museos de "historia de la ciudad" pueden ser gratificantes para los niños: suelen exponer maquetas, animales disecados, y objetos curiosos que despertarán su interés y su instinto indagatorio. Igualmente los museos etnológicos y temáticos. Más conflictivos pueden resultar los museos de armas y militares, abundantísimos en todo Chile.

Parques Nacionales y Reservas

Las excursiones para visitar pingüineras (en Punta Arenas, en Ancud o en La Serena) no están preparadas especialmente para niños: el trayecto por mar puede ser incómodo, incluso peligroso. Las granjas de animales (las haciendas patagónicas, los establecimientos de turismo rural) despertarán el interés infantil. Las Oficinas del Sernatur dan más información.

Santiago

Parque Metropolitano (Cerro San Cristóbal; ▶45).

Parque Quinta Normal (▶41).

Planetario de la Universidad de Santiago USACH (Cerca de Quinta Normal, frente a la Estación Central de tren, Av. Bernardo O'Higgins, 3349, metro Estación Central, línea 1). Sábados y domingos. Se ofrece un audiovisual, un taller y una proyección de "3D". Hay cuatro pases: 14-15-16 h y 17 h.

Parque O'Higgins (▶40).

Fantasilandia es un parque de atracciones contiguo al Parque O'Higgins (▶40; Av. Beaucheff, 938, www.funcenter.cl). Autobús directo desde el Pueblito del Parque (Metro línea 2, Parque O'Higgins).

Museo Interactivo Mirador (MIM)
Punta Arenas, 6711. De martes a domingos. Metro: Mirador, línea 5. Desde allí, la línea de colectivos 9001 lleva hasta la entrada de Sebastopol 90, que solo está abierta los fines de semana. Un trenecito lleva desde la puerta al edificio del museo.

Parque Mahuida (Comuna La Reina, Av. Larrain 11095, con vehículo propio o taxi). En él están los sectores:

Parque de Diversiones Rodelbahn (jueves de 10 h a 20 h, y viernes, sábados y domingos de 10 h a 21 h). Pista de trineos, camas elásticas.

Parque Granjaventura (de lunes a viernes de 9 h a 18.30 h y sábados, domingos y festivos, de 10 h a 20 h). Puentes colgantes, laberinto de rampas, casas en los árboles, zoo doméstico...

KIdzania (Av. Presidente Riesco 5330, Santiago de Chile, telf. 22 964 40 00; www.kidzania.cl). Parque interactivo, que combina entretención y educación en una misma experiencia, donde niños de 4 a 13 años podrán jugar, explorar y aprender sobre el mundo de las profesiones y oficios, en una ciudad a escala construida especialmente para ellos.

Música, discotecas y bares

Santiago

El Barrio Bellavista, considerado el "barrio latino" de Santiago, es el más popular. Un público predominantemente estudiantil y de turistas jóvenes frecuenta bares, discotecas y restaurantes. La calle más animada es Pío Nono. En la paralela calle Constitución los locales son un poco más tranquilos. El público de la puerta marca el tono y se puede elegir fácilmente dónde entrar.

Los restaurantes suelen estar abarrotados de gente, lo que no quiere decir que tengan la mejor cocina de Santiago. Las terrazas, en general, están orientadas al dólar turístico. Lo mejor del barrio es su animada escena callejera.

Mucho más comerciales, incluso, son los locales de la calle Suecia, una bocacalle de la Av. Providencia (metro Los Leones), en la que los voceadores a la puerta de los locales tratan de atrapar al público extranjero. Estos locales están abiertos casi todos los días de la semana y no tienen horario de cierre. Por allí están **Boomerang Pub** (Calle General Holley 2285, Providencia), un local ruidoso, de estilo australiano, con música en directo y baile. Cerca está el moderno **Lakshmi** (Suecia, 0132). **Phone Box Pub** (Av. Providencia, 1652) un pub inglés.

De más difícil acceso, porque hay que tomar varios autobuses desde el centro o echar mano del taxi, es la zona de la Plaza Nuñoa, donde hay bares para disfrutar de un ambiente más relajado, como **El Dante** en Plaza Ñuñoa (Irarrázaval 3482), donde se come con calidad en un ambiente relajado en la terraza, y animado en el interior.

En El Bosque y en Las Condes hay sitios más exclusivos, como **Pub Licity** (Av. El Bosque Norte 0155), o **Flannery´s Pub** (Encomenderos 83, cerca de Apoquindo con Tobalaba, Las Condes). Los santiaguinos bien, suelen ir al **Paseo San Damián.**

Discotecas

Una de las más frecuentadas es **Organiko** (Avenida Manuel Montt 442, www.barorganiko.cl), con música electrónica, house y trance. **Subterraneo** (Paseo Orrego Luco 46, www.subterraneo.cl), ambas en Providencia. **Blondie** (Alameda 2879, www.blondie.cl), ofrece noches temáticas, con un abanico que va desde música "oldie" hasta "indie". Una buena "salsoteca" es Arriba de la Bola (General Holley 171).

Música

Boomerang Pub (General Holley 2285), suele presentar actuaciones en directo. **Ilé Habana** (Bucarest 95), salsa en directo, con una banda cubana y baile después de la cena.

Club de Jazz de Santiago (Avenida José Pedro Alessandri 85, en Nuñoa).

En Bellavista, hay flamenco o similar en **El Tablao** (Constitución 110).

Las estrellas de la música suelen actuar en el **Estadio Nacional,** Avenida Grecia 2001, o en el **Teatro Municipal,** Calle Agustinas 794.

Valparaíso y Viña del Mar

En la Subida Ecuador y la Av. Errázuriz está el meollo de la zona húmeda de Valparaíso, una larga docena de locales frecuentados por la bohemia estudiantil y estilo tirando a cutre. No faltan sencillos bares en los que tomar una "chorrillana", el típico modesto plato porteño. Hay que asomarse para ver si hay algún cantautor, porque la sorpresa está asegurada.

Vida nocturna

Aunque las noches chilenas respiran seguridad ciudadana, la vida nocturna de Chile no es demasiado acelerada. Condicionada sin duda por factores como la tradición agrícola del país, la moral de trabajo que se respira en muchas regiones (la hora policial de la media noche y la edad mínima de 18 años para consumir alcohol se observan rigurosamente), los precios (una cerveza cuesta unos 1.000 CH$, y aunque algunas discotecas no cobran entrada, la mayoría oscila entre los 3.000 y 10.000 CH$ a lo que hay que añadir el 10 por ciento de propina, principal componente del sueldo de los camareros) no favorecen esta faceta, a no ser en las grandes ciudades o centros de turismo. Por otra parte, el turismo chileno está orientado a la naturaleza y hay que acostarse temprano y recuperar fuerzas para las excursiones y paseos... Con todo, en Santiago, en las ciudades turísticas o incluso en las pequeñas capitales, no falta una discoteca, que se llama *"Kamikaze"*, donde la gente se divierte los fines de semana.

Por allí quedan los locales de salsa como **La Piedra Feliz** (Errázuriz 1054), **Valparaíso Eterno** (Almirante Señoret 150, entre Cochrane y Blanco), en un primera planta donde sirven unas inmejorables "chorrillanas".
En Av. Errázuriz se encuentran locales como **Piazza di Fiori (Ex Errázuriz) y Terraza Bellavista**, mezcla de zona Universitaria con *after office*.
También en el barrio del puerto, por las calles Blanco, Cochrane, Almirante Muñoz Hurtado y Plaza Sotomayor hay locales alternativos, como **Locomotora Bar.** En la plaza Aníbal Pinto, **Cinzano** tiene programa los fines de semana.
Para entrar a jugar al **Casino Viña del Mar** hay que ser mayor de edad, vestirse formalmente y llevar el pasaporte a mano (Av. San Martín 199, www.enjoy.cl) Hay discoteca, **OVO Discotheque.**

En las calles del Norte está **Cafe Journal** (Agua Santa 4-10 esquina Álvarez).

Iquique

En Playa Brava se localizan las discotecas más frecuentadas como **Kamikaze Pub.** De la Plaza Arturo Prat parte la calle Tarapacá donde hay varios pubs. En la cercana calle San Martin 273 se encuentra el **Barsovia**, con su preciosa decoración en madera.

La Serena y Coquimbo

En la Avenida del Mar hay varios pubs y discotecas como La Quinta Ola (nº 4000). En la Av. 4 Esquinas s/n está la **Discoteca Kamikaze.**
Una de las zonas de diversión en Coquimbo es la Av. Costanera, donde también hay lugares de ocio.

Lago Villarrica

La vida nocturna del lago Villarrica se concentra en Pucón, con sus fiestas de espuma y sus excursiones nocturnas a las termas. En locales como la discoteca **Kamikaze** (Camino Internacional, km 2,5, El Claro) y la gente chic en **Mamas & Tapas** (O'Higgins 597).

Valdivia

La vida universitaria pone su impronta en la noche valdiviana. Se recomienda preguntar por los locales más nuevos. Entre los clásicos están: **El Fuerte de Pedro** (Caupolicán 337) discoteca que los fines de semana abre toda la noche.
Mojitos y salsa hay en **New City Bar** (Esmeralda, 680).
También se puede escuchar música jazz en **LegadO JaZZ BaR** (Esmeralda, 657).

Deportes

El gran atractivo turístico de Chile es el paisaje y la gran variedad de actividades "outdoor".

Canopy
Moverse entre las copas de los árboles mediante cuerdas, puentes colgantes, pasarelas de bambú o cables de acero, es toda una aventura en plena naturaleza. Montajes de canopy hay –entre otros– en Lican Ray (telf. 45 243 17 67); en el Parque Oncol, cerca de Valdivia; en Aguas Calientes, cerca del lago Puyehue y en el Parque Philippi de Puerto Varas (telf. 65 223 51 20, www.canopypro.cl); en Palguín cerca de Pucón (telf. 45 244 19 68). Algunos accidentes han obligado a reforzar las medidas de seguridad, pero no está de más asegurarse en cada caso.

Ciclismo
En la mayoría de los lugares turísticos hay posibilidad de alquilar bicicletas de montaña. Casi no existen carriles bici, pero con bici de montaña, se puede disfrutar de caminos y pistas poco transitadas.

Esquiar
Los Andes y sobre todo los picos altos de los volcanes tienen nieve de sobra en invierno. Los más antiguos y mejor equipados son los cercanos a Santiago, Valle Nevado, El Colorado y Farellones, La Parva y Portillo. Cada uno tiene de media hasta 20 pistas, numerosos andariveles y gran número de hoteles y restaurantes. Más al sur hay centros más pequeños en los volcanes Lonquimay, Llaima, Villarrica, Choshuenco, Casablanca y Osorno.

Equitación
Los hoteles, agencias de viajes y fundos de muchas regiones ofrecen cabalgadas por la naturaleza. En muchos de estos centros se dan clases introductorias para los no iniciados.

Kayaking, rafting
La dificultad de los ríos para descender en canoa o en kayak está clasificada del 1 al 6. Entre los mejores torrentes están los del Maipo (Santiago), Tinguiririca (al sur de Rancagua), el Alto Río Claro (Reserva Siete Tazas), el Alto Biobío... En varios ríos de las regiones IX y X, según la magnitud del deshielo, pueden darse situaciones peligrosas. Habría que informarse previamente y procurar hacer las bajadas con agencia. En casi todos los lagos se puede practicar el kayak.

Parapente
Chile es un país apropiado para realizar vuelos a lo largo de toda su geografía. Desde la duna del Dragón en Iqui-

La afición chilena

El **fútbol** es el deporte más extendido en Chile. Las copas de América y de Europa se siguen con pasión. Chile obtiene la Copa América Centenario en 2016 y reedita la final de la Copa América 2015 frente a Argentina, final que también se salda con un triunfo, hecho que puso al país eufórico. También hay afición a la liga española; así, por allí han pasado jugadores como Alexis Sánchez, Claudio Bravo y el ya mítico Iván Zamorano... Los clubes chilenos más importantes son el Colo-Colo, la Universidad Católica y la Universidad de Chile. Sigue en importancia el **Rodeo Chileno,** considerado deporte nacional desde 1962, que, desde 1949, se "juega" en un campeonato de liga con un complicado sistema de puntuación. Cuando Marcelo "Chino" entró en el ranking de mejores tenistas, también cobró importancia el **tenis.** Son frecuentes las **carreras de caballos** y apostar es una pasión (masculina) chilena. Y no faltan los deportes de prestigio, que requieren pertenecer a un club social, como el Club de Golf Los Leones, el Club de Polo y Equitación San Cristobal, Prince of Wales Country Club y Club Hípico de Santiago y el Hipódromo Chile, todos ellos en Santiago.

que, una de las más altas del mundo se han hecho vuelos de récord mundial. Todo el norte, desde Arica hasta los montes de la Cordillera de la Costa ofrecen alturas desde las que lanzarse. Los vientos fríos del mar se calientan en los montes de la Cordillera de la Costa y se crean unas corrientes térmicas que elevan los aparatos fácilmente a los 1.000 m de altura. Los mejores lugares son Punta Paquica (20 km al norte de Tocopilla), Patillos (60 km al sur de Iquique) y La Portada (16 km al norte de Antofagasta).
En la costa de Chile Central, las condiciones son más apropiadas para principiantes, pues las alturas de las dunas no sobrepasan los 100 metros, los vuelos no se elevan más de 200 o 300 m y se puede volar bien a lo largo de la costa. Hacia el Sur, los vientos se van haciendo demasiado fuertes, pero en verano, las estaciones de esquí suelen servir de trampolín para los amantes de este deporte.

Natación

El Pacífico, en la mayoría de las costas y playas, no lo es tanto como su nombre sugiere. No es recomendable meterse en el mar en una playa sin gente, y siempre habría que informarse con antelación, porque hasta en playas frecuentadas puede haber sectores con fuertes corrientes bajo la superficie. Las aguas de los lagos suelen ser más tranquilas y más cálidas.

Pesca

Chile es un paraíso para los pescadores. En el mar, entre Arica y Antofagasta, pez espada y atún; en la costa central, corvina, jurel, barbos... Lagos y ríos son ricos en salmón, trucha, carpa, pejerrey... Para informarse de la temporada del salmón en Patagonia, hay que dirigirse al Servicio Nacional de Pesca (Sernapesca) cuya Dirección Nacional está en Valparaíso (Victoria 2832) y cuyo teléfono es: 32 281 91 00. Información: www.sernapesca.cl

Montañismo, cráteres y glaciares

Chile, rodeado por los Andes de Norte a Sur, es un paraíso para aficionados a subir a la montaña. Las cimas más solicitadas por los peritos en escalada son el volcán Parinacota (Arica, 6.342 m), el volcán más alto del mundo, Ojos del Salado (Copiapó, 6.893 m) y el Cerro Marmolejo (Santiago, 6.108 m). En las regiones de Los Lagos y la Araucanía se puede subir a cimas más fáciles y llegar bien a los cráteres del Villarrica (Pucón, 2.847 m), del Osorno (Puerto Varas, 2.652 m) y del Mocho (Mocho-Choshuenco , 2.415 m). Información detallada en www.trekkingchile.com.
Ascender por los glaciares de Patagonia es una modalidad deportiva con muchos aficionados. En el Parque Nacional Torres del Paine las agencias organizan recorridos de trekking de varios días por el Glaciar Grey.
Muchas de las cumbres están situadas en las fronteras argentina o boliviana. En estos casos hay que solicitar unos permisos especiales.
La **Federación de Andinismo de Chile** (www.feach.cl) informa detalladamente de cualquier duda que se pueda originar al respecto.

El Sendero de Chile

Los amantes del senderismo se sentirán en Chile a sus anchas. Además de los Parques y Reservas Nacionales, la fundación "Sendero de Chile" quiere reactivar el trayecto de senderismo más largo del mundo. Para ello se propuso, como objetivo de cara a las celebraciones del Bicentenario de la Independencia, tener más de 8.000 km habilitados objetivo prácticamente cumplido como demuestran sus, actualmente, 51 senderos terminado
Información: Fundación "Sendero de Chile" ✉ Traiguén 2426, Providencia, Santiago de Chile) ☎ 22 299 42 00.
La aplicación **Rutas Outdoors Andes-handbook** incluye información de 120 excursiones a lo largo del país.

Fiestas

Enero

Bierfest Kunstmann Valdivia en Valdivia la segunda quincena.
Pascua de los Negros en La Tirana (5 y 6).
Fiesta Chile Coihueco y sus Raíces Criollas (Chillán), segunda quincena.
Fiesta del Nazareno de Caguach (Chiloé), el 15.
Fiesta del Roto Chileno en Vallenar y en Santiago (Barrio Yungay), 20.
Fiesta de la Vendimia en Santa Cruz (tercera semana).
Semanas musicales en Frutillar (del 27 de enero hasta el 5 de febrero con música clásica).
Fiesta de San Sebastián de Yumbel (a 70 km de Concepción). Es el día 20.
Enfloramiento de ganado en Caspana. Se celebra de enero a marzo.

Febrero

Encuentro Chileno-Argentino en la frontera de Paso Pehuenche (en San Clemente), primera semana.
Encuentro de Payadores Internacionales en Casablanca. Se celebra la primera quincena.
Nguillatún (fiesta mapuche) en Futrono, Lago Ranco (12 a 14).
Fiestas de la Candelaria en Pangal del Laja (a 22 km de Yungay) y en Carelmapu (Puerto Montt), el 2.
Fiesta Huasa y trilla de yeguas en San Esteban (primera semana);
Fiesta Criolla de los colonos de Frutillar (se celebra el primer domingo).
Tapati Rapa Nui en la Isla de Pascua (primera quincena).
Festival Internacional de la Canción de Viña del Mar. Se celebra la última semana.
Carnavales del Altiplano en Putre y en San Pedro de Atacama.
Encuentro Costumbrista de la Costa (Niebla, Valdivia). Se celebra la segunda y la tercera semana.
Feria ganadera Expogama. en Punta Arenas (primera semana).
Fiestas de la Vendimia en el Valle del Elqui (todo el mes).
Muestra Mapuche de Villarrica (todo el verano).

Marzo

Fiesta de la Vendimia en Curicó (segunda quincena), en San Félix (Valle de Copiapó) y en San Felipe (Marzo).
Semana Santa en La Tirana.
Fiesta de Cuasimodo (domingo siguiente a la Pascua de Resurrección en muchas poblaciones del centro: Casablanca, Maipu, ...).

Abril

Semana Malloina. Suele celebrarse la tercera semana, aunque a veces comienza en la segunda para acabar en la tercera.
Campeonato Nacional de Rodeo Chileno. Se celebra en Rancagua la primera semana.

Mayo

Carnaval de Invierno en Puerto Natales (tercera semana).
Regata Glorias Navales, se celebra en Iquique el 21 de mayo.

Junio

Fiesta de San Pedro y San Pablo, en San Pedro de Atacama el 29 de junio.

Julio

Festival Folklórico en la Patagonia en Punta Arenas la tercera semana.
Fiesta de La Tirana (fiesta principal, el 16 en honor a la Virgen).
Noche Veneciana en Porvenir (20 de Julio).
Carnaval de Invierno en Punta Arenas (segunda quincena).

Agosto

Fiesta de Santa Rosa de Pelequén, en Pelequén (a 33 km al sur de Rancagua). Se celebra el día 30.

Septiembre

Fiestas Patrias, en todo Chile, el 18 y 19.
Oración por Chile (último fin de semana).

Octubre

Fiesta Chica de la Virgen del Rosario (La Chinita). Primer domingo.

Diciembre

Fiesta Grande de La Chinita en Andacollo (23-27).
Fin de Año en Valparaíso.

Aparte de las fiestas oficiales, las que más tradición tienen en Chile son las de la Región Central y las "étnicas". Entre las primeras hay fiestas agrícolas, con exhibición de faenas campestres, o de pescadores, con procesiones marítimas por San Pedro y El Carmen. Entre las segundas, son interesantes las fiestas del Altiplano (Carnavales Puneños) o las fiestas mapuche de Araucanía/Los Lagos (Año Nuevo y las rogativas o "Nguillatún", en las que el acceso puede estar restringido para "huincas"-extranjeros). Entre las fiestas religiosas tienen interés por sus muestras de folclore vivo las de La Tirana y las de Andacollo y la Tapati de la Isla de Pascua. Durante los meses de verano (enero y febrero), se celebran fiestas por todo Chile. Muchos de estos eventos son turísticos, sin fecha fija, y suelen tener lugar los fines de semana. Conviene preguntar en las oficinas de *Sernatur*.

Información Práctica

Direcciones útiles en Chile

Consulado de España en Santiago: Av. Nueva Providencia 2353, 9º. Piso Providencia. Telf. 22 663 30 00, fax 22 234 30 24.
Consulado Honorario en Valparaíso: Yungay 1731, of. 314. Telf. 32 221 44 66.
Embajada de Chile en Madrid: Lagasca 88, 6a Planta. 28001 Madrid. Telf. 91 431 91 60, fax 91 577 55 60. www.chileabroad.gov.cl/espana.
Consulado General de Chile en Madrid: Rafael Calvo 18, 5° D; 28010 Madrid. Telf. 91 319 07 63, fax 91 319 32 78.
Consulado General de Chile en Barcelona: Calle Casp, 33b, 2º 1º. 08010 Barcelona. Telf. 93 318 85 86, fax 93 318 63 31. www.consuladochilebarcelona.com.

ANTES DE PARTIR

Información turística

Servicio Nacional de Turismo Sernatur: abierto de lunes a viernes, de 9 h a 17.30 h. **Santiago:** Av. Providencia 1550, metro Manuel Montt, de lunes a viernes de 9 h a 21 h, sábado, de 9 h a 17 h (www.sernatur.cl); las direcciones regionales y locales se ponen en la información práctica; las direcciones del correo electrónico corresponden al esquema info+lugar@sernatur.cl, por ejemplo (infomagallanes@sernatur.cl) o (infonatales@sernatur.cl). En el **Aeropuerto Internacional Comodoro Arturo Merino Benítez de Santiago,** hay una oficina de Sernatur abierta todos los días de 8 h a 21 horas. Teléfono de información nacional de Sernatur: 22 731 83 10.

Cuándo ir

Según la región en la que se viaja y según la temporada, puede hacer un tiempo muy caluroso o muy frío, pero en todo el país y durante todo el año puede haber cambios rápidos de temperaturas, vientos fríos o días de neblina que se mete en los huesos, rachas de mucho calor o un bochorno transitorio.
La ropa depende de la región que se visite. En todo Chile, entre la costa y la alta montaña se puede pasar del verano al invierno en pocas horas, con todas las temperaturas, desde 30°C hasta heladas. Estas condiciones climáticas obligan a llevar un surtido entero de ropa, desde bañador a jersey. Lo más importante son zapatos cómodos, una chaqueta o anorak cortavientos y, para viajes que lleguen más al sur de Temuco, un chubasquero, independientemente de la temporada. Hay que tener en cuenta, que –por falta de capa de ozono– se recomienda no exponer la piel al sol durante más que 10 minutos, en ningún sitio y en ninguna temporada, pero, sobre todo, en verano. Hay que procurar llevar manga larga, aunque haga calor, y siempre un bloqueador solar de alta graduación. Nunca está de más llevar unas gafas y un sombrero.

DURANTE LA ESTANCIA

Aduana, entrar en el país

Los españoles solo necesitan para entrar en Chile el pasaporte válido hasta seis meses después de finalizado el viaje previsto. Al ingresar al país la policía entrega (sin costo) una **Tarjeta de Turismo,** válida para permanecer en el país durante 90 días. Este período puede ampliarse por otros 90 días más y debe ser devuelta a la salida del país. En caso de pérdida, hay que acudir a la JENAEX (Jefatura Nacional de Extranjería y Policía Internacional). La dirección en Santiago es Morandé 672 y el teléfono el 22 680 91 10.

Transporte urbano

Las ciudades grandes tienen una buena red de autobuses urbanos. En Santiago hay, además, una red de metro en que la tarifa varía según la hora; en las horas punta el precio es más alto que el resto del tiempo.

El **metro** de Santiago (www.metrosantiago.cl) es rápido, limpio y seguro, aunque últimamente anda un poco colapsado. Las líneas usan modernos trenes franceses, brasileños y españoles que atraviesan la ciudad en dirección este-oeste (bajo el eje de las avenidas Apoquindo, Providencia y Alameda). En las estaciones Tobalaba, Baquedano y Los Héroes se puede transbordar a tres líneas más que conectan con el sureste, el sur y el suroeste de la ciudad, respectivamente.

Funciona de 6 h a 23 h; dependiendo de la hora del día, el boleto tienen un valor distinto: 610 pesos (horario "Bajo"), 660 pesos (horario "Valle") y 740 pesos (horario "Punta"). Existen boletos individuales o la tarjeta recargable Bip!.

Los trayectos más periféricos se hacen en **colectivos,** que son coches con letreros luminosos en el techo que te indican las rutas preestablecidas y que te llevan hasta cerca de tu casa por 1.400$, y por 2.000$, hasta la puerta misma.

Conducir en Chile

Resulta cómodo comparado con Europa. En general, el tráfico es más lento, y hace falta alguna práctica para conducir por caminos de monte poco transitado. La velocidad máxima es de 120 km/h en carretera y 50 km/h en sectores urbanos. Desde el 1 de enero de 2016 entra en vigencia el decreto que incorpora el **chaleco reflectante** al kit de emergencia que deben llevar los vehículos.

En cuanto a las **normas de circulación,** las velocidades máximas son 50 km/h dentro de poblaciones y 120 km/h en las carretas. Es obligatorio que todos los pasajeros lleven **cinturón de seguridad.** Está prohibido el uso de teléfonos móviles y fumar mientras se conduce.

Carreteras, Autopistas. Hay 17.600 km de carreteras pavimentadas y 60.000 km no pavimentadas, en su mayoría pistas de "ripio" (grava). La gran carretera Panamericana o Ruta 5 recorre el país de norte a sur. Otras autopistas van de Santiago a la costa (Viña del Mar, Valparaíso y Santo Domingo). Actualmente

Parque Nacionales

Son áreas extensas en las que existen diversos ambientes únicos o representativos de la diversidad biológica natural del país. Oficinas del CONAF de las poblaciones más cercanas a los P. N:

Lauca. Putre, telf. 58 258 57 04.

Bosque Fray Jorge. En el interior del parque, telf. 53 262 00 58.

La Campana. Viña del Mar, telf. 32 232 02 10.

Rapa Nui. Hanga Roa, telf. 32 210 02 36.

Laguna del Laja. Los Angeles, telf. 43 232 10 86.

Conguillío. Curacaitín, telf. 45 288 11 84.

Villarrica. Pucón, telf. 45 229 81 14.

Vicente Pérez Rosales. Sector Ensenada, telf. 65 248 61 02.

Chiloé. Castro, telf. 65 253 25 01.

Laguna San Rafael. Cochrane, telf. 67 252 21 64.

Torres del Paine. Punta Arenas, telf. 61 241 18 43.

Para obtener información detallada de todos los parques: www.conaf.cl.

se construye una ampliación de la carretera Santiago –Los Andes– Paso de los Libertadores (Frontera con Argentina). El precio de cada peaje varía según horas y días (por ejemplo, los sábados, domingo o días feriados y entre las 7.30 h y las 9.30 h, son más caros). En comparación con otros países latinoamericanos, el precio es elevado.

En las autopistas de circunvalación de Santiago y a Valparaíso se paga centralizadamente mediante un sistema electrónico, llamado Televía o TAG, pegado al parabrisas de los coches. Los coches alquilados deberían llevarlo. Si el coche no tiene TAG hay que comprarlo en el peaje de Lo Prado (Ruta 68 km 25) por unos 4.700 pesos para 24 horas. La Panamericana es autopista de peaje desde La Serena a Puerto Montt (a modo de orientación, entre La Serena y Santiago, el peaje cuesta unos 15.000 pesos).

La página web (www.vialidad.cl) da información completa del precio de cada peaje.

Taxis y colectivos

Los taxis son seguros y económicos, y son negros con techo amarillo. La tarifa de Santiago es de 300 pesos por bajada de bandera y unos 130 pesos por cada 200 m de distancia recorrida (o por minuto de espera). Las tarifas se indican en el parabrisas, y el taxímetro debe estar siempre a la vista del pasajero. Para distancias más largas se recomienda negociar un precio con el chófer. No es costumbre dar propina a los taxistas, a quienes muchas veces hay que indicar el camino. Se puede pedir radiotaxi por teléfono (Páginas Amarillas bajo "Taxi"), y las aplicaciones móviles **Easytaxi** o **Uber** y **Cabify** son cada vez más populares. Es solo un poco más caro, pero más seguro y los coches suelen ser más cómodos.

Los **colectivos** son taxis de rutas predefinidas, señaladas en el cartel sobre el techo del vehículo. En general esperan a la salida de las estaciones de metro en Santiago, así como en puntos centrales. Una vez ocupados por una cantidad mínima de pasajeros, inician su trayecto. Se pueden tomar en cualquier lugar de la ruta. De noche, por un cobro adicional, acercan al viajero a una dirección específica si cae cerca de la ruta.

Teléfono

El código internacional de Chile +56. Código internacional de España: 0034, Argentina: 0054, Brasil: 0055, Perú: 0051, Ecuador: 00593, México: 0052. Los números de los teléfonos móviles ("celulares") empiezan normalmente con 7, 0 y 9. Para **alquilar un móvil,** la empresa *Movistar* tiene un servicio de *Rent a Phone* que resulta más económico que el uso de un móvil de licencia europea. Se pueden alquilar en Santiago en el Aeropuerto Internacional Comodoro Arturo Merino Benítez; y en Av. Providencia 1998 oficina 205, teléfono: (02) 339 53 73. Se puede solicitar un móvil al siguiente e-mail: rentaphone@telefonicamoviles.cl.

Prensa

El diario más importante y de mayor cobertura es *El Mercurio,* de línea bastante conservadora. Otros diarios son *La Tercera* y el vespertino *La Segunda.* Hay diarios de distribución gratuita, como *Publimetro* y *La Hora.* Información actual e independiente la da el periódico en línea *El Mostrador* (www.elmostrador.cl). Entre las revistas, *Cosas* y *Caras,* son de cotilleo. Análisis políticos se pueden encontrar en las revistas *Qué pasa* y *Ercilla* (ambas de tendencia conservadora). Para sátiras y reportajes de impacto, el periódico *The Clinic.* Se pueden encontrar periódicos internacionales sin demasiado retraso, a precios altos, en algunos kioscos, especialmente en el centro de Santiago (Paseo Ahumada).

Correos

CorreosChile (www.correos.cl) hay en todas las poblaciones. Venden cajas para mandar paquetes a Europa. Los horarios corresponden a los europeos: en grandes ciudades, de 8 h a 19 h, y los sábados de 9 h a 14 h. En las pequeñas, se cierra a mediodía, y a las 18 h de la tarde se acaba el servicio. El correo funciona bien en Chile, aunque un poco lento. La tarifa normal es desde 290 pesos dentro del país y 430 pesos a España. El correo a Europa tarda entre 5 y 20 días.

Áreas protegidas

El **Sistema Nacional de Áreas Silvestres Protegidas del Estado** (SNASPE) incluye actualmente 36 Parques Nacionales, 49 Reservas Nacionales y 15 Monumentos Naturales. El 45 por ciento del territorio chileno corresponde a suelos de aptitud preferentemente forestal. En 2013, la extensión boscosa en el país alcanzaba los 17,3 millones de ha, lo que corresponde al 22,9 por ciento. De ese porcentaje, aproximadamente 14,18 millones de ha (aproximadamente el 18,7 por ciento del territorio nacional) son bosques nativos.

La administración del SNASPE la lleva la **Corporación Nacional Forestal** (CONAF) que tiene su oficina principal en Santiago, Valenzuela Castillo 1868; telf. 22 328 03 00; además tiene oficinas en las entradas principales a los parques, y, en muchos casos, también en la población más cercana al parque; los parques y los centros de información están normalmente abiertos de 9 h a 18 h. Hay completa información de todos ellos en www.conaf.cl.

Reservas Nacionales

Son áreas cuyos recursos naturales es necesario conservar porque corren el peligro de degradación. Algunos de las más accesibles e interesantes son:

Los Flamencos. Calama, telf. 55 284 97 49.

Pingüino de Humboldt. Vallenar, telf. 61 261 15 55.

Magallanes. Punta Arenas, telf. 61 223 85 54.

Monumentos Naturales

Normalmente son áreas de tamaño reducido, caracterizadas por la presencia de especies de fauna o flora endémica. Algunos de los más accesibles e interesantes son:

La Portada, Antofagasta.

Los Pingüinos, Punta Arenas.

Páginas web interesantes

www.sernatur.cl
www.conaf.cl
www.turavion.cl
www.gochile.cl
www.chilenativo.travel
www.patagonia-chile.com
www.nuestro.cl
www.turismochile.com
www.mapas.mop.cl

Corriente eléctrica

En Chile la energía eléctrica es de 220 voltios; sirven los enchufes normales europeos.

Alojamiento

La infraestructura hotelera es excelente en todo el país. Se podrá encontrar alojamiento, incluso en temporada alta, sin haber reservado. No hay categorías oficiales, aunque algunos hoteles –sobre todo los muy buenos y los de cadenas internacionales– se dan estrellas a sí mismos. Además de **hoteles,** hay **hostales** y **residenciales,** de categorías menos lujosas, más pequeñas y más familiares, pero sin restaurante; también hay **lodges,** que son hoteles campestres de elevada categoría, sobre todo en la Patagonia. En sus viajes privados, los chilenos prefieren las **cabañas,** sobre todo si tienen familia. Es un tipo de alojamiento muy popular, que, preferentemente, se alquila por varios días, pero también se puede pernoctar una sola noche. Su precio suele ser unitario, independiente del número de personas (pueden estar amuebladas hasta con seis u ocho camas) y están equipadas con cocina. Muchos hoteles tienen habitaciones y cabañas. Hay una buena cadena de **Hostales juveniles** bastante confortables, en los que se puede pernoctar sin tener carnet internacional de estudiante, ni serlo, a precios un poco más altos: www.hostelworld.com y www.hostelling.cl.

Moneda

La moneda oficial de Chile es el **peso chileno,** cuyo valor frente al euro es de unos 750 pesos (variable según los movimientos del mercado de divisas). Antes de cambiar efectivo, se recomienda informarse del valor del euro frente al peso para evitar cambios "poco convenientes", ya que el valor puede variar de unos establecimientos a otros.
Los establecimientos y comercios de Chile no suelen aceptar dólares USA ni euros, por lo que se recomienda cambiar a pesos chilenos al llegar al país. Las casas de cambio más recomendadas se encuentran en dos zonas: en la calle Agustinas en Santiago Centro, en torno al número 1070 (allí hay una decena de casas de cambio y se puede comparar precios). La otra está en la Calle Pedro de Valdivia esquina Avenida de Providencia, en la comuna de Providencia. En cuanto a las **tarjetas de crédito,** se aceptan en todo el país las más usadas: Visa, MasterCard y American Express.

Precios

Los precios varían no solo entre la capital y el resto del país, las ciudades y la provincia. También hay zonas ricas dentro de Santiago o dentro del país, que tienen un nivel de precios elevado. Las zonas muy turísticas también son más caras que otras, sobre todo las que están alejadas, como Magallanes, las Islas del Pacífico o San Pedro de Atacama.

Propinas

La norma oficial es que se suele dar un 10 por ciento de la factura de propina. Como los precios chilenos tienen, en algunos restaurantes, nivel europeo, puede parecer mucho; pero hay que tener presente que las propinas son parte sustancial del sueldo de los camareros.

Horarios

Las tiendas, oficinas de correos y de turismo y museos llevan horarios regulares que se comunican en la puerta de la entrada, y que normalmente oscilan entre las 8 h y las 19 h. En provincias suelen cerrar a las 18 h. Los grandes almacenes y malls ("centros comerciales") están abiertos de las 10 h de la mañana hasta las 21 o 22 h. Los bancos abren, de lunes a viernes, de las 9 h a 14 h. Las casas de cambio, de lunes a viernes a partir de las 9 h a 14 h y de 15 h a 18 h. Los supermercados pueden estar abiertos en verano hasta las 23 h.

Medidas de seguridad

Por seguridad, siempre se recomienda llevar fotocopias de todos los documentos (no olvidar los números de tarjetas de crédito, la tarjeta de turista, incluso el billete de vuelta) y guardarlas en otro sitio que los mismos documentos; otro set de copias habría que dejar en casa. Más medidas de seguridad no hacen falta (telf. 133).

Sanidad y farmacias

Se recomiendan las vacunas normales, sin ninguna especificación para Chile. No hace falta llevarse más medicinas que las que uno tome con regularidad. De esas habría que incluir la documentación en el equipaje, porque, aunque hay buenas farmacias en Chile, puede que la medicina que uno necesite tenga otro nombre. Hay médicos y clínicas en todas las ciudades. Si se tiene un problema grave, tendría que irse a urgencias de un hospital. Las tres grandes cadenas farmacéuticas son *Ahumada, Cruz Verde* y *Salcobrand.* Hay en todas las ciudades, están muy bien surtidas y tienen un personal cualificado para consultas urgentes (telf. 131).

Idioma

Aunque en Chile solamente hay un idioma oficial, el **español,** existen varias lenguas autóctonas, que no se enseñan en ningún colegio y corren peligro de perderse: el **aimara,** en el norte, y el **mapudungun,** en el sur.

Material fotográfico

Se venden "rollos" *Kodak* o *Fuji* por todas partes; otras marcas son más difíciles de encontrar. Todo lo que tiene que ver con la fotografía digital, se puede comprar en las ciudades.

Vocabulario

Expresiones de uso frecuente

al tiro	de inmediato	*polera*	camiseta, polo
apunado	enfermo	*roto*	persona maleducada
cabro	adolescente	*tata*	abuelo
pololo/a	novio/a	*Viejo Pascuero*	Papá Noel
cachar	mirar, entender	*servicentro*	gasolinera /tienda
¿cachai?	¿comprendes?	*bomba*	gasolinera
guatón	gordo	*bencina*	gasolina
huachita	niña bonita	*bombero*	empleado gasolinera
huaso	campesino chileno	*patiperro*	trotamundos
jetón	bruto	*polla*	lotería
leso/a	tonto/a	*regalón/a*	mimado
lolo/a	muchacho/a	*ripio*	grava
patente	matrícula de coche	*chomba*	jersey

Vocabulario gastronómico

Preparados

agregados	guarnición
"a lo Pobre"	agregado de papas y huevos fritos
Barros Luco	sandwich de carne de vacuno con queso
Berlín	buñuelo relleno de mermelada y azúcar
cazuela	especie de cocido
chacarero	sandwich de ternera con judías verdes
choripán	pan con chorizo asado
chorrillana	ternera, patatas fritas, huevo frito y cebolla
completo	perrito caliente con mahonesa y palta
curanto	guiso chilote en hoyo de piedra con carne, pesado y verduras
pan amasado	pan normal, casero
marraqueta	pan crujiente
pichanga	entrante de queso, jamón y aceitunas
kuchen	pastel
pebre	salsa de tomate, perejil, vinagre, sal y aceite
pulmay	curanto en olla
sopaipilla	masa de calabaza frita
empanadas de pino	rellena de "pino"
pino	picadillo de carne y cebolla
humita	rollo de choclo rallado

Frutas

ají	guindilla
porotos	judías
porotos verdes	judías verdes
arvejas	guisantes
choclo	maíz
zapallo	calabaza
damasco	albaricoque
palta	aguacate
durazno	melocotón
frutilla	fresa

Pescados y mariscos

ceviche	pescado crudo con cebolla en limón
cholga	tipo de mejillón muy grande
congrio	anguila chilena
locos	moluscos con carne parecida al pulpo
choro	mejillón
chupe	guiso de marisco
picoroco	marisco chileno
piure	molusco chileno rojizo por el iodo
luche	alga comestible

Bebidas

pisco sur	cóctel nacional
schop	jarra de cerveza
chachacoma	hierba para infusión
serena libre	jugo de papaya, pisco, hielo y azúcar flor
jote	calimocho

Índice de lugares

CHILE

Mapa de Chile

SIGNOS CONVENCIONALES EN LOS PLANOS

	Edificios de interés turístico
	Otros edificios
	Grandes arterias
	Parques y jardines
	Cementerio cristiano
	Ferrocarril
	Metro
i	Información turística
P	Aparcamiento

CHILE - MAPA LLAVE

SIGNOS CONVENCIONALES

	Autopista
	Carretera principal
	Carretera secundaria
	Ripio
	Ferrocarril
Parque	Área Silvestre Protegida
	Glaciar
5	Ruta Nacional
Iquique ○	Población más de 10.000 hab.
Quilpué ○	Población de 5.000 a10.000 hab.
Pichidangui ○	Población de menos de 5.000 hab.
	Límite Nacional
IV Región de Coquimbo V Región de Valparaíso	Límite Regional

Tacna
Parque Nacional Sajama
Carahuara de Carangaz
108
Oruro
Putre
Arica
11
Guallatiri
Reserva Nacional Las Vicuñas
Lago Poopó
Chilcaya
5
Caleta Camarones
Cuya
Caritaya
Camiña
Parque Nacional Volcán Isluga
Colchane
Lago de Coipasa
XV Región de Arica y Parinacota
Pisagua
R. N. Pampa del Tamarugal
Huara
Iquique
Pozo Almonte
Alto Hospicio
BOLIVIA
Pica
R. N. Pampa del Tamarugal
Mar Chileno
Collahuasi
5
I Región de Tarapacá
II Región de Antofagasta
Ollagüe
Reserva Nac. Alto Loa
Quillagua
1
21
Conchi Viejo
San Pedro
Océano Pacífico
Tocopilla
Reserva Nac. de Fauna Andina Eduardo Avaroa
24
Chuquicamata
María Elena
Calama
25
23
San Pedro de Atacama
Mellizos
1
Mejillones
5
R. N. Los Flamencos
R. N. Los Flamencos
San Juan
Toconao
Trópico de Capricornio
Baquedano
Juan López
Reserva Nacional La Chimba
Antofagasta
Socaire
Pto. Coloso
El Way
Peine
R. N. Los Flamencos
51
Reserva Provincial Los Andes
Salar Pocitos
Caleta El Cobre
Mina Escondida
1
Parque Nacional Llullaillaco
5
Paposo
Azufrera
Taltal
ARGENTINA
P. N. Pan de Azúcar
II Región de Antofagasta
III Región de Atacama
La Pólvora
Antofagasta de La Sierra
El Salvador
Diego de Almagro
Chañaral
Portal del Inca
Potrerillos
El Salado
Balneario Obispito
Inca de Oro
31
Caldera
P. N. Nevado de Tres Cruces
Bahía Inglesa
60
Copiapó
Tierra Amarilla
Belén
Barranquilla
P. N. Nevado de Tres Cruces
Caleta Pajonal
Chaschuil
5
40
Carrizal Bajo
Las Juntas
Tinogasta
P. N. Llanos de Challe
Reserva Provincial Laguna Brava

Caleta Pajonal
P. N. Nevado de Tres Cruces
Carrizal Bajo
Las Juntas
P. N. Llanos de Challe
Reserva Provincial Laguna Brava
Huasco
Vallenar
R. N. Pingüino de Humboldt
El Tránsito
III Región de Atacama
IV Región de Coquimbo
Pinguela
Domeyko
El Corral
Observatorio La Silla
Parque Nacional San Guillermo
Los Llanos
La Serena
Baños del Toro
Coquimbo
Sol Naciente
Ovalle
Talagante
R. N. Bosque de Fray Jorge
Océano Pacífico
Mar Chileno
R. N. Las Chinchillas
ARGENTINA
Illapel
Salamanca
Los Vilos
IV Región de Coquimbo
V Región de Valparaíso
La Ligua
Cabildo
Parque Prov. Aconcagua
Nogales
S. Felipe
Quintero
Quillota
Olmué
Los Andes
Parque Prov. Volcán Tupungato
Valparaíso
Quilpué
Colina
Casablanca
Lampa
Sant. Nat. Yerba Loca
Región Metropolitana de Santiago
Curacaví
SANTIAGO
San Antonio
Talagante
S. José de Maipo
Res. Nac. El Yali
Melipilla
Buin
Monumento Nat. El Morado
V Región de Valparaíso
VI Región del Lib. Gral. Bernardo O'Higgins
Paine
San Fco. de Mostazal
Doñihue
Machalí
Las Cabras
Requínoa
VI Región del Lib. Gral. Bernardo O'Higgins
VII Región del Maule
Pichilemu
San Vicente de Tagua Tagua
Rengo
Res. Nac. Río Los Cipreses
S. Fernando
Res. Nac. Lag. Torca
Sta. Cruz
Chimbarongo
Teno
Curicó
Molina
Constitución
Talca
Parque Nac. Radal Siete Tazas
S. Javier
S. Clemente
Res. Nac. Altos de Lircay
Linares
Cauquenes
Longaví
Res. Nac. Los Bellotos
VII Región del Maule
VIII Región del Biobío
Quirihue
S. Carlos
Coelemu
Tomé
Chillán
Sant. y Reserva Los Huemules del Niblinto
Concepción
Bulnes
San Pedro de La Paz
Penco
Chiguayante
Cabrero
Res. Nac. Ñuble
Coronel
Lota
Yumbel
Yungay
Arauco
Sta. Juana
Huépil
P. N. Lag. del Laja
Nacimiento
Los Ángeles
5
41
43
60
68
78
66
115
150
40
143
144
160

Concepción
San Pedro de La Paz
Chiguayante
Coronel
Lota
Arauco
Penco
Bulnes
Chillán
Sant. y Reserva Los Huemules del Niblinto
Cabrero
Yumbel
Yungay
Sta. Juana
Huépil
Res. Nac. Ñuble
P. N. Lag. del Laja
Nacimiento
Curanilahue
Los Ángeles
Lebu
Los Álamos
Renaico
Sta. Bárbara
Res. Nac. Ralco
Angol
Cañete
Mulchén
Ralco
Collipulli
Purén
Res. Nac. Malleco
Res. Nac. Isla Mocha
Victoria
Traiguén
Res. Nac. Nalcas
VIII Región del Biobío
IX Región de La Araucanía
Curacautín
Lautaro
Carahue
Temuco
Res. Nac. Alto Bio-Bio
Padre Las Casas
Res. Nac. Lago Gualletue
Zapata
Nueva Imperial
Cunco
Res. Nac. China Muerta
Teodoro Schmidt
Pitrufquén
Gorbea
Res. Nac. Villarica o Hualalafquen
Villarrica
Pucón
IX Región de La Araucania
XIV Región de Los Ríos
Lanco
Loncoche
P. N. Villarrica
San José de la Mariquina
Panguipulli
Parque Oncol
Valdivia
Los Lagos
R. N. Mocho-Choshuenco
Junín de Los Andes
Paillaco
R. N. Valdivia
San Martín de Los Andes
XIV Región de Los Ríos
X Región de Los Lagos
La Unión
Río Bueno
Parque y Res. Nac. Lanin
Osorno
Océano Pacífico
Parque Nacional Puyehue
Mar Chileno
Purranque
San Carlos de Bariloche
Llanquihue
P. Nac. Vicente Pérez Rosales
Parque y Reserva Nacional Mauel Huapi
Puerto Varas
R. Nac. Llanquihue
Puerto Montt
P. Nac. Alerce Andino
Calbuco
Ancud
P. Nac. Hornopirén
Golfo de Ancud
Parque Pumalín
P. N. Chiloé
ARGENTINA
Isla Grande de Chiloé
Castro
Parque y Res. Nac. Los Alerces
Parque Pumalín
Parque Tepuhueico
Chaitén
Esquel
Quellón
Parque Tantauco
Parque Nacional Corcovado
Res. Nac. Futaleufú
X Región de Los Lagos
XI Región Aysén del Gral. Carlos Ibáñez del Campo
R. Nac. Lago Palena
Parque Nacional Isla Magdalena
P. Nac. Queulat
Reserva Nac. Lago Carlota
Parque Nacional Isla Guamblin
Reserva Nac. Lago Las Torres
Archipiélago de los Chonos
Reserva Nac. Coihaique
Puerto Aysén
Coyhaique
Reserva Nac. Trapananda
Reserva Nac. Las Guaitecas
Reserva Nac. Cerro Castillo
Reserva Nac. Lago Gral. Carrera
Parque Nacional Laguna San Rafael
Campo de Hielo de San Valentín
Reserva Nac. Lago Jeinemeni

7
Pto. Ing. Ibáñez
Las Heras
Reserva Nac. Lago Gral. Carrera
Chile Chico
Perito Moreno
Parque Nacional Laguna San Rafael
Campo de Hielo de San Valentín
Reserva Nac. Lago Jeinemeni
Campo de Hielo Norte
Cochrane
Reserva Nac. Lago Cochrane
Golfo de Penas
Bajo Caracoles
Caleta Tortel
Parque y Res. Nac. Perito Moreno
40
Puerto Yungay
Gobernador Gregores
R. Nac. Kalalalixan
P. Nac. Bernardo O´Higgins
Villa O´Higgins
Lago O´Higgins
Lago San Martín
Campo de Hielo Sur
Puerto Edén
ARGENTINA
Parque Nacional Bernardo O´Higgins
Lago Viedma
40
Tres Lagos
Isla Mórnington
3
Comandante Luis Piedrabuena
Campo de Hielo Sur
Lago Argentino
Pto. Santa Cruz
Punta Bandera
El Calafate
Parque Nacional Bernardo O´Higgins
40
Esperanza
Reserva Nacional Alacalufes
9
Mar
Cerro Castillo
Parque Nacional Torres del Paine
Río Turbio
Río Gallegos
Puerto Natales
40
3
Argentino
9
Parque Nacional Pali Aike
Punta Delgada
Villa Tehuelches
Cabo Vírgenes
Río Verde
255
Estrecho de Magallanes
257
Cerro Sombrero
Reserva Nacional Alacalufes
Punta Arenas
Bahía San Sebastián
Porvenir
9
Reserva Nacional Laguna Parrillar
San Sebastián
Bahía Inútil
Parque Marino Fco. Coloane
Río Amarillo
Camerón
Río Grande
Isla Dawson
Isla Grande de Tierra del Fuego
OCÉANO PACÍFICO
Ushuaia
3
Mar Chileno
Parque Nacional Alberto de Agostini
Isla Hoste
Puerto Williams
Parque Nacional Cabo de Hornos